档案信息化建设的理论与实践研究

赵 旭 著

图书在版编目（CIP）数据

档案信息化建设的理论与实践研究 / 赵旭著. —北京：科学技术文献出版社，2021.4（2024.7重印）
ISBN 978-7-5189-7809-0

Ⅰ.①档…　Ⅱ.①赵…　Ⅲ.①档案工作—信息化建设—研究　Ⅳ.① G270.7

中国版本图书馆 CIP 数据核字（2021）第 069458 号

档案信息化建设的理论与实践研究

策划编辑：周国臻　　责任编辑：崔灵菲　胡远航　　责任校对：张永霞　　责任出版：张志平

出 版 者	科学技术文献出版社
地　　址	北京市复兴路15号　邮编 100038
编 务 部	（010）58882938，58882087（传真）
发 行 部	（010）58882868，58882870（传真）
邮 购 部	（010）58882873
官方网址	www.stdp.com.cn
发 行 者	科学技术文献出版社发行　全国各地新华书店经销
印 刷 者	北京虎彩文化传播有限公司
版　　次	2021年4月第1版　2024年7月第5次印刷
开　　本	710×1000　1/16
字　　数	140千
印　　张	7.25
书　　号	ISBN 978-7-5189-7809-0
定　　价	32.00元

版权所有　违法必究

购买本社图书，凡字迹不清、缺页、倒页、脱页者，本社发行部负责调换

前　言

　　伴随现代信息技术的飞速发展与应用，信息化为社会的经济发展注入强大动力，也为人类的生产生活方式带来重大变革。在信息技术的引领下，档案工作也紧扣时代脉搏，加快信息化建设步伐，档案信息化成为社会信息化时代背景下档案管理工作发展的必然趋势。

　　作为档案管理工作者，站在信息化时代的大环境下，更应思考和剖析档案信息化建设为档案管理工作带来的便利与优势，理解档案信息化建设赋予21世纪档案工作的崭新内容，认识档案信息化建设的发展现状和存在的问题，积极探索加快档案信息化发展的新模式，推动档案信息化建设的发展进程。

　　本书以档案信息化建设为中心，首先，介绍了档案信息化的概念、内容及发展现状等，阐明了档案信息化的重要意义，分析了目前档案信息化存在的问题，使读者对档案信息化建设有了系统、清晰的认识；其次，结合当下信息化时代档案馆的建设举措与发展方向，阐释了数字档案馆建设的相关问题；再次，系统而全面地阐释了信息化时代档案管理面临的思考与创新，从变革与应用视角总结出科学性的管理方法，提出了行之有效的策略建议；最后，着重论述了档案信息化建设的发展原则和发展任务，分析了未来的发展机遇和前景，并确立了今后信息化视角下档案管理工作的发展战略与思路。在新的历史发展阶段，深入开发档案信息资源，切实实现档案信息化管理，对档案工作的发展具有深远的意义。因此，我们应该更新管理理念，深入档案信息化的实践研究，以便更便捷地服务受众、服务社会。

如今，人类已步入以信息技术为核心的知识经济时代，习近平总书记曾在关于网络安全和信息化工作重要论述综述中这样说过，信息化为中华民族带来了千载难逢的机遇。而档案信息化建设作为国家信息化发展的重要组成部分，作为档案工作的重中之重，其发展之路仍任重道远，档案工作者更应站在实现中华民族伟大复兴中国梦的战略高度，牢牢抓住信息化发展的历史机遇，迎着信息化的浪潮乘风破浪、扬帆远航，加速档案信息化建设的创新发展，为我国全面建设成为社会主义现代化强国贡献磅礴的力量！

由于笔者水平有限，加之成书时间仓促，本书中难免存在不妥之处，衷心希望各位专家、同行和读者能够不吝赐教，给予批评指正，以期使本书得到不断完善。

目 录

第一章 档案信息化概论 ··· 1
第一节 档案信息化的概念和内容 ······························· 1
第二节 我国档案信息化的发展阶段和现状 ····················· 4
第三节 档案信息化的意义 ······································ 16

第二章 信息化时代档案馆的建设举措 ························· 21
第一节 数字档案馆的建设背景与原则 ·························· 21
第二节 数字档案馆的建设现状 ································· 26
第三节 数字档案馆建设的发展方向和举措 ···················· 33
第四节 数字档案馆建设面临的机遇和挑战 ···················· 39

第三章 信息化时代档案管理的发展与创新 ···················· 48
第一节 我国档案信息化管理的发展现状 ······················· 48
第二节 信息化档案管理系统的技术应用 ······················· 52
第三节 基于大数据的档案管理变革和影响 ···················· 61
第四节 信息化时代档案管理的方法和策略 ···················· 66

第四章 档案信息化建设的战略与思考 ························· 74
第一节 档案信息化建设的发展原则 ···························· 74
第二节 档案信息化建设的规划宗旨和需求 ···················· 83
第三节 档案信息化建设的发展任务 ···························· 91
第四节 档案信息化的发展战略与思路 ·························· 96

参考文献 ·· 106

第一章 档案信息化概论

信息化是当今世界经济和社会发展的大趋势,是推动经济发展和社会变革的重要力量。将档案进行信息化管理无疑是顺应了时代的潮流,故本章在阐述档案信息化的概念与内容的基础上,厘清信息化管理的概念,分析档案信息化管理的意义和作用。

第一节 档案信息化的概念和内容

档案是人类社会特有的产物,更是人类社会高度文明后的产物,也是人类发展过程中最忠实的"见证者"。档案记录的内容可以帮助今天的我们充分地了解过去,通过这段过去的岁月找到人类曾经创造的辉煌成就,并且能够通过前人的经验对现代生活与工作产生一定的启迪,使得档案不仅仅能够成为带领我们进行"时光穿越"的长者,更能够成为帮助人类加速文明步伐的"助力者"。对档案进行信息化管理是大势所趋,我们不应该排斥,而是需要以客观、包容的心态来对待。[①]

一、档案信息化概念

信息化是当今世界发展的大趋势、大潮流,是各地区、各领域发展的战略制高点。在档案信息化建设的理论研究和实践推进中,档案工作者需要掌握信息化的基本概念和内容。

科学的定义是档案信息化实践的理论基础,有利于全面理解档案信息化的目标和任务,有利于按照信息化的客观规律推进档案事业的科学发展。什么是档案信息化?学界有多种定义,不同的视角会有不同的理解。本书采用2013年12月出版的《大辞海》中的定义:档案信息化是指在国家档案行政管理部门的统筹规划和组织下,以档案信息资源建设为核心,以信息人才为

---

① 高金宇,唐明瑶.档案管理实务[M].北京:科学出版社,2010.

依托，以法规、制度、标准为保障，全面应用现代信息技术，不断改革传统的档案管理模式，有效提高档案信息资源收集、管理和提供利用服务水平，加速档案管理现代化的过程。该定义较为精准地界定了档案信息化的概念，同时也总结了我国档案信息化的基本经验和基本规律。

二、档案信息化内容

档案信息化的概念是在档案工作与信息技术相结合、档案管理理论研究和实践推进相结合的过程中逐步形成的。档案信息化覆盖面很广，一切与应用信息技术生成、管理、开发利用档案有关的活动都属于其内容。从档案的工作性质来看，其内容主要包括环境构建和资源建设两大类。所谓环境构建，是指为档案信息化建设创造适应的环境、提供全面的保障工作，而资源建设是指档案从形成到保存或销毁的整个生命周期中合理应用信息技术，促进管理效率和服务水平的提升。二者相辅相成，环境构建是基础，资源建设是核心。具体内容包括以下6方面。

（一）建立切实可行的管理体制和机制

档案信息化不是单纯的计算机应用，也不是具体的档案业务，而是事关全局和影响深远的复杂的系统工程。其需要接受国家、地方、行业整体信息化的统筹，而我国现阶段尚未建立起分工合理、权责分明的信息化体制。信息化的良性发展需要人才、设备、资金等方面的支持，需要全面、持续、稳步地推进，并需要经历较长的完善过程。因此，档案信息化不能各自为政、分头建设，无论是国家还是地方，都需要理顺体制，由各级国家档案行政管理部门建立统一的规划、制度、规范、标准，实行宏观管理和监督指导。同时，需要精心组织实施，在技术平台、网络体系、组织机构、人才队伍、资源建设、基础业务、建设经费等方面提供保障，才能确保这项事业持续有效地开展。

（二）以档案信息资源建设为核心

从某种意义上说，档案信息化的核心目标是使档案信息"资源化"，即将档案信息转换为真正意义上的档案信息资源。资源化不是简单地将档案信息做数字化处理，也不是简单地将其放到网络上传输，而是应用信息技术，使档案信息媒体多元化、内容有序化、配置集成化、质量最优化、价值最大化，通过档案信息系统的加工处理，确保各种社会信息的真实、完整、有效，便于跨越时空广泛地共享利用，在实现档案信息增值的同时，承担起传承人类记忆的历史使命。

（三）建立高素质的档案信息人才队伍

档案信息化是档案专业、信息专业和计算机专业的结合，属于技术密集和知识密集型专业。传统的档案干部队伍结构和人员知识结构已经不能完全适应档案信息化的需要。目前，档案部门缺乏档案专业和信息技术专业的复合型跨界人才，特别是中、高级信息技术专业人才，这已经成为制约档案信息化深入发展的瓶颈。因此，一方面，要引进和培养相关人才；另一方面，要通过建立有效的激励机制，鼓励档案人员学习信息技术知识，提升档案信息化水平。

（四）在法规、制度、标准方面建立相应的保障体系

信息技术的应用必然向传统的保障体系提出全面的挑战。只有根据信息技术的特点和应用要求，不断制定和完善档案管理的法规、制度、标准、规范，才能确保档案信息系统的科学建设和有效运行。

（五）全面应用现代信息技术

信息技术具有强大的潜能，只有全面、成功地应用才能真正转化为生产力。所谓全面应用，有三层内容：一是与档案工作有关的各个工作部门和人员都要参与应用，而不是仅靠档案业务人员应用；二是应用于档案全过程管理的各项业务，而不是只应用于单项业务；三是引进、消化、吸收各种先进、适用的信息技术，并不断跟踪和应用新兴的信息技术，使信息技术真正成为档案事业发展的不竭动力。

（六）改革传统的档案管理模式

传统的档案管理模式建立在手工管理基础上，必然会出现与信息技术应用不相适应或不相匹配的问题。从档案信息化的发展趋势来看，无论是电子文件、数字化档案还是机读目录、编研信息，都以电子形式保存在计算机系统中。在信息技术不断发展和新旧技术之间兼容困难的情况下，数字信息保存后失真、丢失和无法识别的风险一直很大。长期保存一直是国际上信息资

源领域理论研究的关注点，也是档案信息化工作的难点所在，因此应当不断改革传统的档案管理模式，适应信息技术环境下的新型档案管理模式，而不能消极地让新技术适应传统的档案管理模式，这样才能最大限度地发挥信息技术应用的效能。

档案界曾经有过许多与档案信息化类似或相关的概念，都强调了某些侧面。如"档案管理自动化"，其强调包括微机、微电子、缩微、复印、传真等自动化技术在档案管理中的应用；"计算机辅助档案管理"则强调应用计算机人机交互、对话的方式，辅助档案管理的各项业务工作；"档案现代化管理"，除了强调档案管理应用计算机技术，实现管理手段的现代化以外，还强调档案管理理念、体制、方法的现代化；"文档一体化管理"，强调运用文件生命周期的理论，从公文和档案管理工作的全局出发，应用计算机技术实现档案的全过程管理和前端控制，提高文档管理的效率和质量。这些与档案信息化相关的概念形成，都是计算机技术及其在档案工作中应用状态、发展水平的标志，既反映了档案信息化理论研究和实践探索的阶段性成果，也反映了我国档案信息文化发展的轨迹。①

第二节 我国档案信息化的发展阶段和现状

信息化的潮流以势不可挡的趋势席卷着这个时代，必将成为今后人们生活交往交流的重要手段，越来越多的行业都已经通过信息化实现了行业业务的跨越发展，真正步入了飞速发展的信息化时代。我国档案信息化自20世纪80年代起步以来，经历了从弱到强、从低端到高端、从分散到整合的发展过程，取得了长足的进步。通过对发展阶段及发展现状的剖析，能够帮助我们更加详细与全面地了解档案信息化的发展规律，以总结经验教训。

一、我国档案信息化的发展历程

我国档案信息化启蒙于20世纪70年代，成长于20世纪90年代，进入21世纪，我国的档案信息化建设迈向稳步成长与快速发展的重要阶段。因此，其发展大致可以划分为3个阶段。

---

① 王英玮，陈智为，刘越男. 档案管理学［M］. 4版. 北京：中国人民大学出版社，2015.

(一) 探索起步，奠定基础阶段

这一阶段，计算机软硬件技术还处于初级阶段，数字化和网络化从概念到技术还未成熟，也未被认识。此时的档案信息化工作被称为"档案计算机管理""档案管理自动化"或"计算机辅助档案管理"，强调运用计算机技术改善和辅助传统的档案管理。在此期间，档案馆起步较早。1979年起，中央档案馆、中国人民解放军档案馆、国家档案局档案科学技术研究所等机构率先购置计算机设备，开始了档案管理自动化课题的研究和实验。至1985年底，全国已有20多个档案馆成功开发并运行计算机辅助档案管理系统。随后，企业档案部门对计算机应用热情高、发展快，至20世纪80年代末，研制出一批计算机辅助档案管理系统、文档一体化管理系统，利用技术创新和管理改革的结合充分发挥计算机应用效益。这些探索应用为我国档案信息化积累了宝贵的档案数据库资源，培养了一批热心于信息技术的业务技术骨干，也推进了档案信息化理论的发展。然而，当时在总体上尚处于探索、起步、奠基的阶段，应用的重点主要是在计算机单机上模拟传统的档案管理方式，辅助传统档案立卷、著录、编目、统计、检索等。多数档案部门尚未采用网络技术，计算机应用虽然在档案部门内部取得了较好的效果，但是对外界的影响较小。

我国档案信息化起步较早，发展较快主要得益于以下3个方面：一是微机技术迅猛发展，并在档案部门迅速普及；二是全国开展档案工作恢复整顿和升级达标活动，计算机应用被纳入档案工作升级达标考核指标；三是通过升级达标，各单位普遍建立、健全了档案管理规章制度和规范标准，提高了档案的内在管理质量，为档案信息化奠定了基础。

(二) 项目带动，重点突破阶段

20世纪90年代起，微软Windows操作系统伴随着奔腾系列微机技术的加速发展，Office软件系统日益普及，办公自动化技术广泛应用，极大地激发了广大档案工作者应用信息技术的热情和需求。1993年，随着国家经济信息化战略的启动，电子政务系统的应用催生了大量电子文件；1996年，国家档案局成立了"电子文件归档研究领导小组"，开始对档案信息化建设进行宏观规划。全国档案部门以需求导向、以项目带动，研制出一大批各具特色的档案信息系统；积极开展档案科研，成功地应用了光盘、多媒体、

CAD、条形码、数字水印、图像处理等技术；系统建设从单点应用到联网应用，从单项应用到综合应用，从归档后管理到文件的前端控制和全过程管理，从单纯模拟传统管理方式转向改革管理适应计算机技术应用；从对档案实体的管理转向对档案信息的管理；从封闭式应用转向开放式应用，文档一体化管理系统与电子政务、电子商务、企业信息化、办公自动化系统相连接，向着功能综合化、性能成熟化、管理专业化、传播网络化方向发展，计算机技术的应用效益进一步显现。

（三）宏观管理，全面推进阶段

进入21世纪，各行各业信息化建设进入快速发展和深层应用阶段，特别是我国电子政务进入实质性运行阶段后，档案信息化建设步入快速发展的高级应用阶段。国家档案局加强了对档案信息化的宏观管理，并将其纳入国民经济和社会信息化的总体规划。2001年，国家档案局、中央档案馆颁发《档案管理软件功能要求暂行规定》，对档案管理软件的开发研制和安装使用进行了严格规范。2002年，国家档案局发布了《全国档案信息化建设实施纲要》，对档案信息化建设进行战略布局；同年，颁发国家标准《电子文件归档与管理规范》（GB/T 18894—2002），推动了我国电子文件管理工作的开展。2003年，国家档案局第6号令公布了《电子公文归档管理暂行办法》。2004年11月，国家信息化领导小组会议纪要中明确把档案信息化列入国家信息化基础信息库的建设计划。2006年，国家档案局印发的《档案事业发展"十一五"规划》中，将"建设较大规模的全国性、系统性、分布式、规范化的档案信息资源库群，建立一批电子文件中心和数字档案馆，实现档案信息资源社会共享"作为总体目标之一。2010年，国家档案局发布了《数字档案馆建设指南》，为各级档案馆推动馆藏档案资源数字化、增量档案电子化，逐步实现对数字档案信息资源的网络化管理及分层次多渠道提供档案信息资源利用和社会共享服务提供了参考和依据。2011年，《全国档案事业发展"十二五"规划》将"加快数字档案馆及电子文件（档案）备份中心建设，完成国家数字档案馆建设总体规划的编制工作，对电子档案进行安全有效的管理"作为主要目标之一。2014年，国家档案局发布了《数字档案室建设指南》，推动数字档案室建设的开展。

在国家档案局的统一规划和规范指导下，我国档案信息化向纵深发展：档案馆（室）藏档案数字化、电子文件归档管理、电子档案移交进馆、档案目录中心建设、馆藏档案数字化、档案公共网站建设，以及数字档案馆、数字档案室建设等蓬勃开展。以档案馆室联动、馆社（社区）联动、馆际联动为标志的集成化数字档案馆和数字档案室系统相继建立，各自为政、分头建设的应用局面有所改变。在档案信息资源整合的基础上，档案信息共享范围有所扩大，数字档案信息资源的安全控制能力和有效服务能力进一步增强，通过档案信息化和社会信息化同步推进，促进了档案事业和社会各项事业的联动发展。

这一阶段的档案信息化建设具有以下特点和成功经验：一是突出了归档电子文件管理，并延伸到多媒体档案和电子文件的内容管理。二是充分借助局域网、政务网和互联网平台实现各级档案部门及文件形成部门的互联互通、数据交换和共享，形成区域性的档案信息资源库。三是信息来源大大拓展，可以利用各种技术手段，实现有价值的档案信息资源（包括实体和电子）的采集和接收，既解决了原业务流程以单一传统载体为管理对象的局面，也大大丰富了档案信息资源库。四是服务水平显著提升，通过对档案信息资源的深度挖掘，提炼出不同角度和不同用途的信息资源，通过不同途径面向不同用户提供全方位、多角度、深层次的档案信息服务。五是数字档案馆（室）建设如火如荼，如深圳市、青岛市率先启动数字档案馆建设；上海市通过数字档案馆建设实现民生档案远程协同服务，建立"馆室、馆社、馆际"三联动机制；北京市档案馆实行可公开档案的大规模数字化工作及推进面向社会的服务。六是逐步建立和完善了档案信息化的宏观管理体系，国家层面的档案信息化纲要、制度、规范、标准相继颁发，其他档案工作规划、制度、规范、标准也都融入了有关档案信息化的要求。

总体而言，档案信息化发展经过了以上3个典型的发展与应用阶段，但每个档案管理机构在开展信息化建设时不一定都会有相同的经历。起步较晚的一些档案馆，在充分认识到信息化的重要性和实效性后，积极采取了一系列的准备工作，如加快体制改革、更新管理理念、优化业务流程、规范管理工作、准备基础数据、引进复合型人才、加大投资力度等措施，努力实现档案信息化的跨越式发展，这将会形成新时期档案信息化建设与发展的新局面。

二、现阶段档案信息化发展的现状分析

改革开放以来，特别是进入21世纪，信息技术的飞速发展和广泛应用

为档案事业的发展带来了前所未有的机遇和挑战,如何充分利用信息化技术实现从档案介质的存储到信息利用的革命性变化,是摆在档案工作者面前的新课题。信息化是大势所趋,这是档案工作今后的发展方向,更是档案事业跨越发展的一个重要平台。但是从目前来看,我国的档案信息化工作虽然在稳步发展,但仍存在一些问题。通过对现状的分析能够更好地认识问题的根源,推动档案信息化工作迈向更稳健的发展轨道。

(一)档案信息化建设成就显著

党的十八大以来,以习近平同志为核心的党中央高度重视档案工作,档案事业实现了跨越式发展。档案信息化是档案事业发展的有机组成部分,是适应经济社会快速进步的基础保障和必由之路。近年来,在各级档案部门的共同努力下,档案信息化体系建设成就显著,也已建成以档案信息化基础设施为平台,档案信息化标准规范体系为引领,档案信息资源建设为基础,档案信息服务为目的,档案信息安全为保障的档案信息化体系。

1. 档案信息化基础设施建设不断加强

在各级党委政府的支持下,按照国家网络与信息化管理的相关要求,各级档案部门加大投入,建立完善了支撑档案信息化各项工作正常开展的基础设施。

各级档案部门把机房建设作为信息化基础设施建设的重点工作,建设力度不断增大。结合实际,许多档案部门不断创新建设方案,使建设全过程更为精细化、规范化。一些符合信息化发展需要的环境监控系统、温湿度控制系统、门禁视频系统等不断在档案机房配备,使机房的环境配置和安全保障能力进一步加强。

各级档案部门把网络设施配备作为信息化基础设施建设的有力抓手,网络设施得以更新补强。全国副省级以上档案局馆基本完成了物理隔离的3个网络平台(局域网、政务网、因特网)的建设与接入。信息化基础较好的地市级、县区级档案局馆在建设好局域网的同时,也接入了政务网,并在互联网上建立了网站。一些档案部门结合自身业务特点和实际工作需要建立了核心数据网、馆际共享网等专门的网络平台。

在机房和网络设施建设力度不断加强的背景下,档案管理系统的功能也日趋完备,逐步具备了数字档案资源的收、管、存、用各环节的各项功能,并能够很好地辅助实体档案管理。档案鉴定与编研、智能库房管理、数据质量管理、虚拟档案室等新功能不断涌现。

一些档案部门将数字档案馆建设作为档案信息化规划中的重点内容予以推进,大力开展数字档案馆建设。这些档案部门都借助数字档案馆建设有效带动了电子文件归档、电子档案移交接收、电子档案的长期保存等工作,从而推动了地方档案信息化工作的深入开展。2015年以来,共有山东省青岛市、江苏省太仓市、浙江省绍兴市、广东省珠海市、湖北省十堰市、青岛市市南区、上海市徐汇区、河南省济源市、安徽省蚌埠市档案馆、杭州市城建档案馆等13家数字档案馆系统通过了国家档案局组织的"全国示范数字档案馆"系统测试。

2. 档案信息化标准规范体系不断健全

标准规范是全国档案信息化工作开展的"领航仪"和"助推器"。近年来,信息化标准规范朝着体系化大步迈进,标准和规范纵横交错,逐步打破了制约信息化发展缺乏规范依据的瓶颈,国家档案局也围绕档案信息化建设制定了系统的标准规范。这些标准规范为基础设施建设、档案管理系统建设、档案数据资源建设、档案服务体系建设等方面做出具体规定,指导档案数字化、电子文件归档、电子档案移交接收、电子档案长期保存等工作科学开展,以及开展档案信息化建设提供了制度保障。

在管理规范方面,国家档案局于2012年印发了《电子档案移交与接收办法》,2014年印发了《数字档案馆系统测试办法》《档案数字化外包安全管理规范》《数字档案室建设指南》,2015年印发了《企业电子文件归档与电子档案管理指南》,2016年印发了《档案信息系统安全保护基本要求》,2017年印发了《电子档案管理系统基本功能规定》《电子公文归档管理规范》,进一步完善了相关管理。

在技术标准方面,国家于最近几年相继发布了《数码照片归档与管理规范》《照片类电子档案元数据方案》《档案信息系统运行维护规范》《档案关系型数据库转换为XML文件的技术规范》《电子档案管理基本术语》等十几项技术标准,印发于2017年的《文书类电子档案检测方案一般要求》,为数字化档案的规范化管理提供了保障。各地档案部门根据国家、行业的规定和标准,结合地方档案工作实际,制订、修订了地方标准和规范达140余个。

3. 数字档案资源建设成效显著

以"存量数字化,增量电子化"为遵循开展数字档案资源建设一直是档案信息化建设的一个重点。最近几年来，各级档案部门大力加强数字档案资源建设，取得了惊人的成绩。

各级档案部门已数字化的档案比例大幅提升。中央档案馆、中国第一历史档案馆、中国第二历史档案馆数字化工作成效显著，部分副省级市以上档案馆都已完成超过半数的馆藏档案的数字化工作，部分地市、县区级档案馆完成了全部馆藏档案的数字化工作。部分县级以上尤其是省级以上机关单位和中央企业各档案部门，其所产生和保存的档案已全部数字化。

档案部门接收的电子档案资源逐年增多。《电子档案移交与接收办法》发布后，一些地方的档案部门依托区域电子政务网络实现了电子档案在线接收。在信息化条件较好的机关和企业事业单位中，其所形成的文件全部或部分以电子形式产生和办理，电子档案有逐年增多之势。

档案信息采集成为档案资源的重要补充。全国许多地方的档案部门都开展了经常性、有目的的电视新闻、网站信息等资源的采集工作，针对地方重大事件或重大活动，经过精心策划，派出人员进行摄影摄像，形成比较全面、完整的多媒体记录，成为数字档案资源的重要补充。

4. 创新方式，档案信息服务能力大幅提高

近年来，各级档案部门依托局域网、政务网、互联网等平台，拓宽档案信息服务渠道，服务形式日趋多样，信息内容更加丰富。建设了微信、微博等移动服务平台，开展了颇具特色的档案服务；依托馆藏档案资源管理系统服务平台，挖掘与民生相关的档案信息，围绕群众的民生需求，提供档案利用服务；在档案服务方式上，采取了网上预约、档案服务进社区、主动推送档案信息等便民服务方式，让档案利用者可以足不出户就能享受到档案信息服务。

全国副省级市以上的档案部门基本都能够通过"三网"平台开展档案信息服务，许多地市级和县区级档案馆建成局域网平台或启动了局域网平台建设，大多数县区级以上的档案馆都在互联网上拥有网站或主页，开展不同程度的档案服务。值得一提的是，在47个副省级市以上的档案馆中有19个档案馆建设了微信、微博、手机应用等移动服务平台，开展了颇具特色的档案服务。越来越多的地市级、县区级档案部门开始着手移动平台的建设，档案服务平台开始向多样化方向发展。

越来越多的档案部门依托数字档案馆系统开展远程服务，也有越来越多的档案数据进入了档案网站。在一些地方，以省级或市级档案馆为核心建立了区域性的档案数据中心,联网的任何一个档案馆都可以对其他档案馆的共享数据进行"一站式"的远程查询,并进行档案利用。各级档案部门依托馆藏档案资源管理系统服务平台,挖掘与民生相关的档案信息,围绕群众的民生需求,提供档案专题利用服务。在档案服务方式上,各级档案部门开展了网上预约、档案服务进社区、档案信息主动推送等便民服务方式,让老百姓不出家门就能享受到档案信息服务。

档案信息服务方式正由传统的档案管理系统辅助检索调用档案原件的方式发展为档案管理系统检索并调用数字档案的方式,一些有条件的地方已经全部使用数字档案提供利用,不仅提高了服务工作效率,增强了档案部门提供服务的能力,也最大限度地保护了档案原件。

5. 着眼防范,档案信息安全工作科学开展

各级档案部门依托公安部门信息系统"等级保护"和保密部门"分级保护"的要求,制定相关规定,加强了档案信息系统和档案网站安全保护,配备了安全保护设施设备,开展了安全自查、规范整改,使档案信息系统和档案网站的安全保护水平得到了进一步的提高。

档案信息化建设水平的提升,离不开档案信息安全防护能力的提升。全国各级档案部门始终高度重视档案安全工作,不断完善档案安全工作领导机制,落实档案安全主体责任,加强监督管理,确保档案实体安全和信息安全;在档案信息化建设中,特别将网络安全、设备安全、数据安全、信息安全作为重要内容,不断加强对档案信息系统和档案数据备份的安全管理,严格执行各项保密管理制度。

2014年,国家档案局发布了《档案数字化外包安全管理规范》,并依据规范与有关单位合作开发了档案数字化安全检查软件,在部分档案部门开展了档案数字化安全检查。2016年初,国家档案局发布了《档案信息系统安全保护基本要求》,从管理和技术两个方面,提出了对档案信息系统进行安全保护的要求。依此文件,档案部门对档案信息系统进行安全检查,从技术和管理方面提高档案信息系统安全保护水平。

2015年,根据有关部门要求,国家档案局建立了"档案行业网络与信息安全信息通报机制",各副省级市以上档案部门为成员单位,每月定期向国家档案局通报网络与信息安全情况。在国家举行重大活动、重要会议等时期,国家档案局通过该机制指导副省级市以上档案部门开展重要档案信息系统、重点档案门户网站安全检查,并每日通报各地档案网站和信息系统的安全情况。

档案数据备份工作有效开展。为贯彻国家档案局的重要档案要异地备份的要求，各级档案部门采用在线、近线、离线等方式，使用磁盘、磁带、光盘等介质，对档案数据进行备份。对于一些重要数据，一些地方使用缩微胶片进行备份保存。利用"结对子"的备份机制，全国副省级市以上档案部门基本完成了互为对方重要档案数据备份基地的工作。

实践证明，档案信息化是作答经济社会发展对档案行业提出"新题目"的有效"解法"。党的十八大以来，在各级档案部门的共同努力下，档案信息化体系建设取得了显著成就。今后，全国档案系统将继续凝聚力量，集中精力，克难攻坚，以档案信息化建设为推动力，为档案事业发展做出更大的贡献。

现阶段档案信息化建设已经逐步成为我国档案事业的重要组成部分，促进了档案事业持续快速的健康发展。改革开放40年来，在全国各级档案部门的共同努力下，档案信息化体系建设成就显著，已建成以档案信息化基础设施为平台、以档案信息化标准规范体系为引领、以档案信息资源建设为基础、以档案信息服务为目的、以档案信息安全为保障的档案信息化体系。

同时，档案信息化建设也离不开党中央、国务院及各级党委、政府的关心和重视。多年来，全国各级档案行政管理部门积极与信息化管理部门建立协作机制，采取多种方式，对各级档案部门档案信息化建设进行监督指导，形成了齐抓共管的工作格局，有力地促进了档案信息化建设的整体推进。

（二）发展过程中存在的问题

从某种程度上来说，现阶段我国档案信息化建设取得了一些喜人的成绩，但仍然存在一些问题和不足，使得档案信息化发展建设在某些方面遭遇了瓶颈，并亟待解决。

1. 缺乏考核激励机制和约束机制

当前我国的各级各类档案馆由于受各自经济、技术、馆藏等条件的影响，在信息化的投入上各地的差异性巨大，中东部地区财政状况较好，比较有条件投入档案信息化建设，而西部地区则由于经济较不发达，难以有足够的资金投入。如果没有一个科学合理的对当地政府的考核激励机制，要档案工作人员自己想办法筹措档案信息化经费，可以说是难以做到的。在档案馆长期以来养成的工作习惯和传统思维里，能为前来查阅的档案利用者提供查阅利用服务，能查得到就算是完成工作任务，至于查找效率、查全率、查准率对工资福利又不会产生影响，所以对于馆藏档案的信息化项目抱着政府拨款就开展、未拨款就维持现状的想法。没有压力何来动力，要加快推进档案信息化需要建立科学合理的考核机制和约束机制。

2. 对档案信息化建设投入不足

档案信息化建设需要资金投入，而且是连续性的。自档案信息化系统建成后，每年入库的档案都必须进行数字化处理才能进入系统，因此需要增加额外的经费。一些地区和单位的领导对档案工作不够重视，认为档案工作很简单，只是保管档案资料，能够保证给档案利用者提供查询即可。档案部门在基层一级基本属于弱势部门，普遍存在经费不足、人员编制不足的问题，对档案信息化工作普遍存在心有余而力不足的情况。此外，我国幅员辽阔，地区之间差别巨大，对档案信息化的投入能力也有着巨大的差别，贫困地区完全靠地方政府资金投入，建设档案信息化将面临较大的资金压力，其档案信息化的建设完全依靠地方财政将面临巨大困难，需要国家加大扶持力度。

3. 对信息化的认知程度参差不齐

各单位领导和业务人员对信息化的认知程度直接决定着其开展工作的思路和方法，也直接影响着其单位的整体应用现状。认知程度主要分为以下八大类：

第一，对手工管理模式很满意，甚至做得很出色，对现代化管理和信息化应用知识的了解几乎为零，不想了解，也不想接触。

第二，了解一些，知道一些计算机的基本操作，认为信息化就是计算机联上网络，甚至有一些错误的认识，认为一旦实现信息化自己就会下岗，不免产生抵触情绪。

第三，使用了单机版的档案管理信息系统，逐步将档案目录录入到计算机中，能够实现简单的目录查询、统计等功能，认为没有必要将档案目录在网上实现共享，或者认为采用网上邻居的资源共享方式就已经足够了。

第四，使用单机版，渴望采用网络化的方式实现内部档案资源的共享，甚至将一些开放的档案资源放在网站上，提供检索服务与利用，但不知道如何进一步开展工作，不知道需要做哪些准备工作，把大部分希望寄托在信息技术人员身上。

第五，已经开始使用网络版的管理信息系统来管理档案目录，初步尝到了网络化带来的资源共享的便捷，但在进一步深入开展工作方面，在将管理信息系统的现代管理思想与实际业务结合方面，尚缺乏透彻的理解。

第六，档案馆内部建立了多套系统，包括办公自动化、文档一体化、数字化等，但在系统集成和资源共享方面还未实现，形成了内部的信息"孤岛"。

第七，网络化应用比较普遍，但只是局限于档案管理部门的局域网内，没有提供档案形成部门的网上归档及档案利用单位或部门的网上检索与利用功能。

第八，虽然对信息化理解得较为透彻，从一开始就多方咨询，成立专门的机构，寻找专业的合作伙伴，聘请专家顾问来开展档案信息化。但是并未立足本单位全局，采取全面规划、总体集成、分步实施、重点突破的指导思想，逐步开展工作，并未真正理解档案信息化和现代化管理的含义，没有按照现代项目管理的思想对信息化工程的进度、成本和质量严格把关。

4. 专业人才的匮乏

档案信息系统是需要运用多学科知识，多专业配合，多部门协作，多环节配套的庞大系统工程，其需要档案从业人员必须具备信息化素养、档案专业知识和有一定的档案技术理论功底。但是目前基层档案工作者中档案专业和计算机专业的寥寥无几，甚至有的计算机专业的毕业生来到档案部门工作不久就被调配到其他重要部门，导致基层档案部门普遍存在缺乏开展档案信息化的专业人才，影响了档案信息开发的力度和深度。基层档案部门普遍存在人员基本只进不出、优秀人才一进就出的现象，档案信息化建设人才匮乏，特别是既熟悉档案业务知识又熟悉数据库建设维护的专业人才，更是稀缺。

5. 档案信息化发展给档案工作带来了严峻的挑战

传统的档案载体以甲骨、竹简、帛、绢、纸张和实物等作为介质，是实实在在有形的记录、是看得见摸得着的实体，信息化条件下的信息则通过数字化的形式进行记录、存储，在不进行输出的情况下是以虚拟的数字化形态存储在光盘、硬盘、云盘里，而且存储的格式还可以呈现多样化，与之相对应的是，打开软件也是多样化的，这样的存储方式给档案信息的安全带来了巨大的风险和挑战。档案信息化条件下档案信息由文字、图表、照片等直观的存储形式转化成了虚拟化的数字信息，变成了可压缩、可复制、可修改的数字符号，使档案信息可以通过网络、电磁波等方式进行快速过程传播，为档案信息的异地传输、存储和利用带来了极大的便利。因为传播速度快、安全性高，节约了大量的人力、物力，也为档案的异地利用带来了极大的便利。但是事物的发展总是存在两面性,在带给人们便利的同时对技术也提出了更高的要求:一是档案信息的存储安全如何保证,重要的档案信息资源存储到数字化系统后,必须绝对保证其源信息数据不能被篡改、删除、丢失;二是在档案信息的传输过程中如何保证档案信息不被窃取、修改、失真、删除;三是在档案实体信息化的过程中如何保证档案信息的安全,如何做好安全保密工作,防止失密、泄密事件的发生。一个普通硬盘可以存储 800 GB 甚至更多的字节,能够装下一个小型档案室的全部数字化信息。如果这些信息不进行纸质输出,那对于重要信息的安全和永久保存将是严峻的挑战。现有的办法只是采取异地异质备份、脱机保存、定期复制等,如果要确保档案信息的绝对安全和高效利用,必须有相应可靠的保存和保密手段。

另外,档案信息化对档案管理制度也带来了实实在在的挑战,保管的档案形态从有形的实体变成了无形的数字符号,相对于实物,电子档案有着"流动性、易改性、易逝性"等特点,在档案信息化过程中电子档案的管理数量和比例都显著提升,传统的管理流程并不能完全适用于电子档案。例如,电子档案在归档、鉴定、著录环节都已经有所不同,著录贯穿于电子档案的编制、处理、归档、鉴定及文件的生命周期,而且电子档案由于分析利用等不同的需求,在管理过程中还会存在大量的数据迁移和格式转换工作,如何在这个过程中保证档案的正确性、连续性和可读性也需要在管理制度上进行变革。

档案信息化建设符合社会需求与活动规律。社会信息化导致档案数量剧增,档案载体呈现多样性,档案内容分散交叉。档案部门必须改变传统管理方法,一方面由于社会信息量的激增和新型载体的应用,不宜采用传统的方法来管理档案;另一方面由于社会对档案信息的需求不断增加,传统的档案管理方法已经不能完全满足这种需要。国家行业电子政务和电子业务的普遍应用,大大拓宽了档案信息的服务空间,对档案资源服务的内容和方式提出了更新更高的要求,促使档案工作跳出传统的狭隘思维,适应社会发展,改变管理理念,创新服务方式,利用现代信息技术搭建数字化、网络化的信息服务平台,有效积累和储备国家信息资源,真实保存社会记忆,实现更大范围和更多种类的档案信息资源互补与共享,以适应社会发展和国家信息化建设的需要。

由此看来,要想实现档案工作与社会接轨、与国际接轨、与未来接轨,还需要档案工作者不断更新管理理念,提高业务水平,掌握更多的知识,拥有更好的技能，积极参与并用心开展信息化工作，真正将档案信息化作为一项基础业务工作来开展，将档案管理信息系统的应用落实到位，将标准规范完善并严格遵守，才有可能将档案资源有效地管理起来，并逐渐实现馆内与馆际资源的共享。也只有档案资源的利用率提高了，人们对档案的认识提高了，才会产生更多的需求，档案信息化工作才会向更深、更广、更有效的方向发展。

总体来说，当下我国的档案信息化建设通过加快推进档案资源数字化、信息管理标准化、信息服务网络化进程，有力地促进了档案事业持续快速健康发展，进而积累和储备国家信息资源，真实保存社会记忆，实现了更大范围和更多种类的档案信息资源互补与共享。面对发展过程中的问题和难点，我们应该坚定不移地把新时代的发展理念贯穿档案信息化建设的全过程，为档案信息化建设注入新动力，为档案事业发展做出更大的贡献。

第三节　档案信息化的意义

档案信息化的根本意义在于触发并推进档案管理效率和服务质量提升，以此来提高档案管理人员素质，丰富公众的信息生活，促进信息产业的发展。可以说，档案信息化是 21 世纪为推动我国档案工作不断前行与发展而做出的重大战略决策，加强档案信息化建设，是档案事业应对全球科学技术迅猛发展形势的必然选择，对于在新的历史时期发展档案事业具有重要意义。

充分认识档案信息化建设的重要意义，对紧密结合当地经济和社会发展实际，逐步提高档案建设水平，努力使档案信息化建设与本地区信息化建设同步，充分运用各种现代化技术在服务手段、服务方式、服务内容上大大突破传统档案工作的局限，提升传统档案工作的服务质量和水平，最大限度地满足广大人民群众日益增长的对档案信息的利用需求，都具有相当大的现实作用和深远影响。

一、档案信息化是国民经济和社会信息化的重要组成部分，符合时代发展形势

档案是国民经济和社会发展的重要基础性战略信息资源，档案信息有着不可替代的原始性、真实性、可靠性和广泛的社会性等信息主体特点。各级国家综合档案馆作为党和国家保管档案的基地、社会各界利用档案史料的中

心，贮存着历史久远、内容丰富、数量巨大的档案信息，今后将不断地接收各级党政机关所形成的电子文件与电子档案。馆藏的非数字档案和政务网不断产生的数字档案，只有通过先进的数字技术、网络技术及计算机技术进行数字化改造、管理和资源整合，建立规范化、可共享的分布式档案基础数据库；构筑国家档案信息资源共享体系，依托国家政务信息网，面向各级机关、面向广大群众，真正实现网络环境下档案信息资源的价值和使用价值，充分发挥档案信息的社会效益和经济效益，实现档案信息资源的社会共享，才能保留真正成为信息化社会国民经济和社会发展的宝贵战略资源，更好地为改革开放和社会主义现代化建设服务。因此，要把档案资源的信息化摆在优先发展的战略位置，将档案信息化纳入国民经济和社会信息化的重要范畴。

二、档案信息化符合档案事业改革与发展的内在要求

在国家信息化的大环境下，档案信息化是档案事业发展的优先战略选择，是新时期档案事业发展的内在要求和根本动力。长期以来，受档案保管和利用环境的制约，档案管理基本处于封闭、半封闭的管理状态。手工检索手段落后；丰富的档案信息宝藏"锁在深宫无人识"，档案馆"门前冷落鞍马稀"；馆藏逐年递增，但档案利用率却没有同步增长；海量档案馆藏信息与档案利用率之间存在着巨大落差；可以反复利用的档案信息资源得不到有效的流通与共享，档案馆与档案利用者之间存在着一道无形的屏障。随着信息技术的应用与普及，通过档案资源的数字化和传输的网络化等现代化技术手段及相应的社会化服务，将形成对全社会开放利用的服务平台。档案利用者可以直接利用开放档案资源，真正享受《档案法》赋予的利用档案的权利，从而根本上改革传统的档案管理与利用方式，建立21世纪创新的档案工作体系。

经过信息化、数字化的档案资源是可重复、多平台利用的信息资源。档案事业的发展只有朝着信息化的发展目标迈进，才能发挥档案的价值，提高档案工作的社会地位，实现档案事业的跨越式发展。也只有通过信息化，建立国家档案信息资源灾难备份体系，才能确保档案信息在任何条件和任何环境下的安全，确保在各种灾难发生时提供档案信息的及时恢复与利用服务，充分体现档案信息资源的战略储备作用。

21世纪是信息化的时代，档案也是信息化时代的重要组成部分，数字

化是档案信息化的重要手段。档案馆是保管和提供利用档案信息的职能部门，是有实用价值的信息资源库，这就要求档案工作在收集、保管、保护和利用手段等方面做出调整，以便更好地去适应社会发展的形式。

三、促进档案管理效率与质量得到不断提升

档案信息化的飞速发展，使得档案的收集、整理、查询和利用等工作，在信息量激增的当下，也能不断满足档案利用者的需求，有效提升档案管理的效率和水平。

众所周知，传统的档案管理模式几乎全部依靠工作人员手工来完成，人工整理的效率会受到多种因素的影响，如工作人员收集与整理档案的速度快慢、材料的多与少等因素。这些直接或者间接的因素都会影响到最终的工作效率。许多时候，工作人员十分迫切地想要提高工作效率，但是实际情况却不尽如人意。因此，他们特别期望能够出现一种新的管理模式，改变传统的管理模式，使得工作效率得到提升，他们可以抽出更多的时间去进行与档案有关的其他工作，能够更好地为社会、为档案利用者服务。实施档案管理的信息化后，档案管理人员可以从繁重的手工劳动中解脱出来，不再是目录的打字员和档案的保管员，可以更好地从事档案的收集工作和档案的编研工作，极大地提高职能部门的工作效率。

长期以来，档案管理人员通过手工收集、整编，为档案利用者提供档案服务工作，工作量大，效率很低，费时费力。档案管理如果实行信息化后，更多的是体现在自动化、实时化、网络化。具体表现为：首先，数据只需一次录入可以多次利用。数据无论是从文书管理录入还是从档案管理录入，都只需要录入一次，即可以在档案管理内部进行数据共享，提高了工作效率。其次，各种报表可以自动打印。数据录入后，不论是文书管理还是档案管理，可以方便地打印出相关的收发文单据、汇总表，还有档案的背脊、封面、案卷目录、文件目录、备考表等。最后，自动统计档案信息。档案库中的信息需要统计，并形成报表，这项工作由计算机进行处理，可以极大地提高管理人员的工作效率。

再如，以往传统的检索方式是档案管理人员从一本一本的目录中，找出所需的档案来，然后根据上面的记录到库房中查找。既费时费力，工作效率也不高。档案管理信息化后，档案的检索与查询只需要通过网络就可以实现即时的查询，无论在时间还是空间上都显得更为方便和简洁。此外，网络还

提供了多种查询手段，管理人员可以从模糊查询、组合查询、分类查询中选取最佳的查询方式，在档案库中检索出需要的档案信息，极大地减轻了工作人员的负担。

四、提高了档案的更新与共享速度

经济全球化和信息化是社会发展的总趋势，作为衡量一个国家和地区综合实力的重要标志，信息化水平成为国家战略发展的重要组成部分。在档案管理范围内，要进一步推进档案管理工作的信息化水平，这也是信息化时代的发展要求。传统档案管理一方面让档案管理部门处于"信息孤岛"模式，造成信息资源的搁置浪费；另一方面又使之处于"信息匮乏"模式。在大数据时代，高效率的信息资源共享和传输体系正在逐渐成为主流，档案用户渴望得到全方位的信息服务，而档案部门借助信息技术，整合本部门的档案资源，一方面节约了用户查找信息的时间和精力；另一方面也提升了资源的利用效率，而且整合以后的信息资源能够形成规模化的信息集合，有利于信息资源的开发。

五、更新了档案管理的理念和制度

档案信息化对传统档案管理的理念和制度提出了挑战，但是这种挑战也为档案管理工作更新管理模式，创建适合信息化社会的管理制度提供了良好的机遇。借助档案系统的信息化进程，构建与完善科学有效的档案管理工作体系，有效提升信息化档案管理的效率。在管理理念和制度方面，着重加强了数字化电子文件的监控与管理，提升电子档案的比例，并针对新的档案管理模式，完善相关的档案法律法规制度，尽可能地建立合理的管理和分配机制，开展档案信息的管理工作。

六、挖掘了档案信息的深层次数据

档案的信息化建设不仅让传统档案资料进行信息化存储，还增加了网页档案、图片资料、声像资料、多媒体资料等内容。而现代的数据挖掘技术可以在大量的、不完全的、有噪声的、模糊的、随机的数据中，提取隐含在其中的、人们事先不知道的但又是潜在有用的信息和知识。这些数据可以是数据库中结构化的数据，也可以是分布在网络上的零散数据。档案管理部门拓展自身数据挖掘能力并对档案数据进行维护，开展数据的关联分析，可以发现某个档案与其他档案间的相互关联性或相互依赖性。数据挖掘自动在大型数据库中进行分类和预测，寻找预测性信息，自动地提出描述重要数据类的模型，或者是预测未来数据的发展趋势。这些数据挖掘行为大大地开发了现有档案资料的价值，为用户提供更多选择和可能。

　　档案信息化建设是一个庞大的系统工程，任重而道远，面对诸多问题，档案工作者应不断加强档案信息化建设重要性的认知，改变传统的思维模式，不断开发和利用新技术，分析新形势，解决新问题，加快档案信息化的建设步伐。

第二章 信息化时代档案馆的建设举措

随着我国信息化进程的加快,信息技术的广泛运用,为社会的发展创造了良好的动力,各行各业都在积极探索新的发展方向。加之随着"数字化社会""数字化城市"时代的来临,档案信息化建设也步入了快速通道。管理微机化、馆藏数字化、信息共享化,已成为当今档案工作发展的趋势。

这样一个信息化的时代背景下,档案部门作为传统信息管理领域的重要组成部分,档案馆的构造也在发生着变化,正在由原来的传统模式下的档案建设模式发展为现在的信息化的数字档案馆模式,极大地节省了人力资源。数字档案馆建设作为档案领域的主旋律,已然成为档案界关注的新热点。

第一节 数字档案馆的建设背景与原则

随着科学技术发展速度的加快,数字化技术渗透到社会的各个领域,改变了人们的生存模式、工作模式和思维方式。档案事业在这种社会大背景下,传统的管理模式也受到了冲击。因此,档案事业要想跟上时代的脚步,就要在原有的管理体制上进行创新,运用数字化的手段进行档案管理,建设以数字化技术手段为主的新型档案馆。

一、数字档案馆概述与特征

数字档案馆是在遵循档案管理基本原理的前提下,借助信息网络基础设施,通过信息管理系统与档案网站,对各种数字档案资源进行数字化、有序化、网络化管理的新型管理模式。其超越了单个实体档案馆的界限,大大提高了档案信息资源开发与共享的效率。

(一)数字档案馆的功能概述

在信息化发展的新时期,过去传统的管理模式已然不能适应现阶段多样化的档案管理要求,因而要注重实现档案管理自动化的发展。数字档案馆的建设，要对档案的存储条件、保管措施进行合理优化。面对当下信息化时代的需求，传统的借阅方式无法有效对应现代化社会的发展趋势。在信息技术发展的背景下，数字档案在发挥档案价值的基础上，能有效调控档案信息查阅时间，更好地促进各项科研工作全面发展。与以往不同的是，在传统档案馆馆藏中，档案实体是管理主体，由于馆藏能力受限，难以对多项信息进行深入挖掘。基于数字档案馆建设能有效存储诸多项信息资源，实现信息在虚拟和现实环境中的传递，提升信息共享速率，提高档案管理工作效率。

（二）数字档案馆的特征

数字档案馆与传统档案馆相比有着以下特征：

首先，数字资源的海量与异构性。数字档案馆储存的是不同来源、不同格式、不同技术标准的电子文件和数字档案，且数量巨大。

其次，具有开放性。依托于发达的网络系统向用户提供高质量、个性化的档案信息服务，扩大档案信息资源的范围，拓宽档案信息资源的共享渠道。

最后，具有依赖性。数字档案馆主要依赖于计算机网络和通信技术、数据库技术、存储技术、检索技术等，信息技术的应用改变了传统的档案管理模式及档案管理工作环境，同时信息技术的不断进步也要求数字档案馆对相关技术的发展趋势进行密切的关注。

二、数字档案馆建设背景

20世纪初，随着电子政务、电子商务、数字化校园的快速发展和数字档案资源的与日俱增，数字档案馆研究初见端倪，日本、欧美等发达国家和地区纷纷投资建设。其中比较有影响力的项目有美国的电子文件档案馆、英国的联合王国数字档案馆和日本的关西数字档案馆等。在国内，一些国家综合档案馆和企事业单位档案馆也开始付诸行动，并取得了一定的成效。

由于包括中国在内的一些国家正在积极建设的数字图书馆工程，也带动了档案馆对自身数字化建设的思考。1994—1995年，美国国家数字技术通讯指导办公室把数字图书馆列为9项重点项目的第一位，排在危机及应急处理、教育及终身学习、电子商务、能源管理环境控制和废品最小化、保健、加工处理和产品、公众存取政府信息等重要项目之前。这项工程1999—2001年为第一阶段，投资4亿美元，2002年以后的第二阶段继续投资

6000万美元。其他国家对数字图书馆建设的投资也十分可观，如英国投资4亿美元，俄罗斯每年投资2亿卢布。到2001年为止，已经宣布正式开始数字图书馆建设的国家有20多个，由此可见，数字图书馆受重视程度非同一般。在这样的时代背景下，我国也将数字档案馆的建设提上了日程。

国家信息化建设的推进、电子政务的应用，对我国档案和档案工作产生了巨大的影响。21世纪初，我国档案部门就提出了建设数字档案馆的目标，档案馆作为档案事业的主体和档案信息资源的集散地，经过20多年的发展，数字化建设已成为其工作的重点、热点和难点，数字档案馆已经成为现阶段档案馆的发展方向。可以说，数字档案馆的规划和建设是信息技术对档案事业发展影响和要求的必然结果。数字档案馆建设过程中要充分运用先进的计算机和网络等信息技术，配置先进的软硬件设备，研制高性能的信息管理系统。数字档案馆要解决信息技术发展和应用给档案管理带来的复杂问题，要保证归档电子文件的真实、完整、长期可读。数字档案馆是电子政务、电子商务、单位办公自动化的一个必需的组成部分，是信息化社会中档案管理新模式的集中体现，代表着21世纪档案馆工作的发展方向。

2003年8月，青岛市数字档案馆通过了国家档案局组织的科技成果鉴定，同时，青岛市数字档案馆在国内第一个正式投入使用，当时青岛市数字档案馆建设项目提出1996年投资100万元建设"青岛市档案馆计算机管理信息系统"，以目录数据作为主要管理对象。到2000年底，青岛市档案馆已经完成了馆藏档案案卷级目录、文件级目录、人名索引、大事记等资源数据库建设，输入各种目录数据270万条，在档案利用中发挥了重要作用，在信息化建设过程中，也培养了一批档案信息技术管理人才。

社会快速发展的信息化进程决定了数字档案馆建设发展的必然性。但是时至今日，不同的数字档案馆建设项目仍然按照各自的理解在使用着数字档案馆的概念，这将会对数字档案馆理论与实践造成一定的负面影响。因此，我们需要结合工作实践，对数字档案馆的建设做出一些系统的研究与探讨，以期加快数字档案馆又快又好的建设步伐。

数字档案馆建设自2000年从青岛市、深圳市试点至今，从理论到实践都经历了一个由探索到认知的过程。从宏观层面看，国务院信息化工作领导小组制定的一系列纲领性文件在正确分析信息产业发展现状的基础上对我国信息网络的发展蓝图进行了科学描述，也确立了数字档案馆的建设目标。从地区范围来看，各地方政府采取积极举措对数字档案馆工程加以规划和引导,各省市区分别制定了其档案馆的建设规划,明确提出了数字档案馆的发展目标、任务、方案,并将其纳入数字政府和全省信息基础设施建设的进程中。

在宏观规划的基础上,2005年,国家档案局明确提出要建立一批数字档案馆。随后还制定了一系列相关标准,为数字档案建设提供了规范的保障。2010年国家档案局发布了《数字档案馆建设指南》、2014年12月发布了《数字档案馆系统测试办法》,数字档案馆建设的概念、架构、功能等更加明确和规范。此外,2013年,国家档案局召开数字档案馆建设推进会,提出要用15年左右的时间,建成以数字资源为基础、安全管理为保障、远程利用为目标的数字档案馆体系。经过全国各级档案部门的不懈努力,广大档案工作者围绕数字档案资源建设、安全管理、档案信息利用等做了大量的工作,取得了不错的成效。

国家档案局积极跟踪国际上数字档案馆的发展动态,对国内数字档案馆的科研和建设项目进行政策和资金支持。例如,从最初的深圳数字档案馆一期工程应用系统的基本成型及档案数字化加工生产线的建立,到超星数字图书馆将"国家档案文献库"作为数字档案馆示范工程进行推广,截至2019年底,全国已有青岛、杭州、绍兴、太仓、珠海、济源等地的34家单位的数字档案馆系统通过了国家示范数字档案的测试。从这些有代表性的例子可以看出,在政府部门大力支持及档案界的积极实践下,我国数字档案馆的建设已经取得了突破性的进展,并日趋成熟。

放眼学术界,我国档案界学者对数字档案馆发展前景的探索与研究也为数字档案馆的建设实践进行了理论准备,起到了很好的推动作用。近年来,以数字档案馆为关键词的学术文章数量直线上升,数字档案馆的建设理论愈加成熟,这些都为数字档案馆建设事业提供了良好的学术环境。

总之,数字档案馆是20世纪90年代末现代信息技术和社会发展的产物,国家的支持与档案界的努力为数字档案馆建设提供了条件与保障。

三、数字档案馆建设原则

(一)依据建设整体规划,循序渐进地推进

应当注重数字档案馆建设过程中的统筹规划,根据各级政府电子政务建设整体框架和基本要求,及时将数字档案馆建设与区域电子政务和信息化建设稳步衔接，结合自身实际信息化发展情况、资源规模、技术力量、基础工作水平、资金投入等各项因素，确定符合自身发展需要的总体布局和实施步骤。

（二）实施项目带动策略，带动整体的建设

可以将数字档案馆建设实行"分步走"，将整体建设分成若干个子项目，以项目支撑和带动数字档案馆的整体建设和发展，推进各项工作的开展，有利于获得有关部门的重视和投入，更有利于集中人力和物力，有针对性地重点解决数字档案馆建设中的核心问题。

（三）以受众需求为导向，推动资源的共享

数字档案馆建设应秉持需求为主的原则，着眼于党政机关、社会公众在线利用数字档案信息资源的需求，推动档案信息资源的共享。应当按照信息安全等级保护的要求，采取相应的安全保证技术方法，配备必要的软硬件设施，建立健全安全管理制度，完善灾难恢复服务机制，确保数字档案馆建设和运行的安全。

（四）重视前期调研，确保建设合理适用

应该充分重视前期调研，进行可行性研究，结合本单位业务工作的实际，提出创新性强、应用性强的功能需求，以确保系统开发和项目建设的合理性、适用性。在项目实施过程中，档案部门的业务人员应全程参与，及时研究活动发现问题。如有重大项目还应当按照信息系统建设规范要求，引入监理机制，对项目质量、进度、投资、安全等方面进行全程监理，实现数字档案馆建设的稳步实施。

由于数字档案馆具有投资大、周期长的特点，仅馆藏数字化一项就需要投入大量的资金。作为数字档案馆建设中最重要的工作任务之一，当下的电子文件归档管理业务尚处于初步发展阶段，需要伴随电子文件管理理论与实践的发展，不断成熟完善，这是一个长期的过程。为获得资源方面的持续投入，实现"可持续发展"，数字档案馆建设还应秉持"效益驱动"原则，让投入产生应有的效益和价值。

第二节 数字档案馆的建设现状

近年来,数字档案的产生及数量的提升,使得数字档案馆的构建显得十分迫切。我国的数字档案馆建设目前仍然处于摸索阶段,缺乏完善的数字档案馆体系。所以,对建设数字档案馆的相关工作进行研究并对建设现状进行分析,能够有效地发现建设与发展过程中存在的问题,给档案工作者提供建设的理论依据,可以让他们更为全面地掌握数字档案馆在建设方面的各个要点,以此来构建出一套完整的数字档案管理体系。

一般而言,数字档案馆建设的内容主要包含3个部分。一是对馆藏档案信息进行数字化处理,使其成为数字化的档案信息资源,这是数字档案馆建设的资源基础。二是建设容量巨大、性能优良的数字档案存储系统,这是数字档案馆提供档案信息服务的前提条件。三是建立高效畅通的数字档案信息传输网络,这也是数字档案馆建设的重要内容,只有借助发达的数字网络才能使用户不受时间与空间的限制而获得有效的档案信息服务。① 结合实际发展情况,经过近20年全国各级档案部门的不懈努力,广大档案工作者围绕数字档案资源建设、安全管理、档案信息利用等方面做了大量的工作,取得了不错的成效。截至2018年底,全国馆藏电子档案总量达1277万GB,馆藏数字化副本总量达1556.4万GB。

一、国内数字档案馆的发展现状

由于我国对信息化工作的重视,档案信息化已经被纳入信息化建设的总体框架之中,成为国家信息化战略的重要组成部分,电子文件的归档管理受到重视,各级档案部门在目录数据库建设、数字档案馆建设方面均取得了长足进展。在这样的时代背景下,数字档案馆建设得以全面、有序、系统地开展。取得的成绩和经验得到了国家档案局的肯定,并为今后数字档案馆的建设指明了方向。

(一)建设范围不断扩大,建成数量逐年攀升

在数字化时代的大背景下,我国许多地区均在加强数字档案馆建设。在

---

① 陈扣英. 数字档案馆建设面临的问题及其对策 [J]. 城建档案, 2019 (4): 28 – 29.

我国东部沿海区域，数字档案馆的建设已小具规模，其数字档案管理体系建设也比较完善，已经建立起了十分全面的数字档案馆体系。同时，我国其他地区也将网络化、集群化作为数字档案馆发展的基本方向，逐渐开始了对数字档案馆的投资建设，促进了我国数字档案馆建设系统的进一步完善和成熟。另外，国内多个地区已经开始着手推动数字档案馆建设，并在建设阶段就明确了今后网络化、集群化的发展方向，构建更为完善的档案馆建设发展体系。

（二）建设内容日趋丰富

目前，日趋成熟的数字档案馆体系，让数字档案馆的建设内容也发生了改变，即不只是对档案予以建设和整理，其建设领域也得到了拓展，内容也变得更加丰富延展起来。在这一背景下，一些数字档案馆在业务方面逐渐纳入了信息资源共享等拓展内容，且部分区域正在构建具有区域网络化特点的数字档案馆。此外，有很多的数字档案馆在多项业务中逐渐注重信息资源数据、档案信息登记备份、在多区域数字档案馆建设中加强对多项先进技术的应用，以此来补充更多、更全面的建设内容。

（三）数字档案馆的信息服务水平显著提高

为促进档案信息管理服务质量的提高，国家档案局构建了档案信息共享平台，不仅使档案信息的利用与查询变得更加便捷，也提升了档案所具备的运用价值，使得档案服务效率得到了有效提升，促使档案信息得到有效应用，提升了信息查询质量。并且，数字档案馆消除了传统管理模式所存在的封闭性，使信息资源变得更加开放，人们可以迅速地查找到自己所需要的内容，促进了服务质量的提升，让信息管理更为高效。

数字档案馆的建设对原有管理模式中存在的限制性进行了合理调控，促使管理开放化水平不断提升。在提供利用服务方面，不仅能够通过电脑、微信公众号等多种渠道为档案用户提供档案服务事项预约、业务在线办理、在线查档等档案利用服务，还能利用网络开展多种形式的档案宣传教育活动，如进行档案知识普及、档案专题展览等。

目前，我国数字档案馆建设工作已经迈出了实质性的步伐，极大地改变了档案工作方式，成为档案事业创新发展的主要推动力量。

（四）强化档案管理应用系统建设

数字档案馆在档案管理员应用建设方面，按照档案"收集、管理、存储、利用"的基本要求，与信息化程度较高的企事业单位，如财务、科研等部门，先行建立了电子文件在线接收和归档平台，并按照数字档案资源长期保存的要求进行分类存储。同时针对不同档案用户的需要，建立了相应的档案信息资源服务和共享平台。

总的来说，从传统档案馆对传统环境下纸质载体的保管到数字档案馆对数字时代中数字形态的档案信息的长久保存，档案保管场所经历了跨时代的转变与发展。在数字时代，数字档案馆存在的目的即数字档案资源的长期保存利用，国内外皆是如此，数字档案馆建设的研究已然成为新的研究趋势。档案部门要把握好当前数字档案馆建设发展的趋势，跟上数字时代的发展步伐，使数字档案馆建设融入社会整体发展的大环境当中，实现档案资源保存利用效率的最大化。

二、我国数字档案馆建设中存在的问题

从目前我国数字档案馆的建设实践来看，我国数字档案建设还处于上升阶段，与真正的数字档案馆相比还存在一定差距。具体来说，我国的数字档案馆建设还存在以下几个方面的问题。

（一）基础理论研究方面

1. 缺乏成熟理论的指导和对新型档案的研究

首先，对新类型档案和新载体档案缺乏研究。技术的进步改变了传统档案的载体形式，随着电子文件、多媒体文件、电子出版物、电子图纸等新型档案的出现，社会迫切需要对其特性及保管条件加以研究。但实际上，相关专家学者在这方面的研究还有待深入。

其次，缺乏对数字档案馆建设的指导理论。目前我国对数字档案馆的研究主要集中在中外建设情况对比、问题及对策研究等方面，主要停留在理论探讨层面，缺乏坚实的实践基础，从而无法具体地指导数字档案馆的建设实践。另外，对于数字档案馆的建设标准、建设模式等方面的研究也不多见。这样的研究现状十分不利于发挥理论对实践的指导作用。

随着科学技术的发展，产生了一些与传统档案不同的新型档案，其管理

方法与传统档案有很大的不同，但是人们对于新型档案的认识还不够、存档意识薄弱，缺乏相应的理论指导新型档案的管理工作。

2. 缺乏统一的规划与标准

国家档案管理部门已经意识到数字档案馆建设对于促进档案事业发展的重要意义，近年来，组织了不少专家学者对数字档案馆建设方面的课题开展研究。但从目前的实践来看，数字档案馆建设还是处于自上而下的试验摸索阶段，其建设模式还未出现统一的规划。

这种情况使得数字档案馆建设在资金、技术、人才、政策等方面都处于十分被动和不利的地位，难以获得有效的支持，也增加了档案部门与其他部门沟通协调的难度。

数字档案馆的建设本身就是一项具有开创性的工作，因此档案工作的标准化工作的落实还需要一个过程，不可能一蹴而就，目前标准化工作只能在建设过程中进行探索。另外，有些标准规范的制定程序复杂、难度较高，仅仅依靠档案部门的力量是远远不够的，还需要更多部门的协调配合，这对档案部门尤其是基层档案机构来说是一个不小的挑战。

3. 服务理念问题

传统档案馆提供的是一种十分被动的服务理念，而在信息时代，信息技术、网络技术和现代通信技术的发展打破了时间和空间的限制，数字档案馆想要为用户提供更便捷和优质的服务，就必须转变服务理念，建立起以用户为中心的服务模式。

（二）建设实施方面

1. 统筹规划存在问题

虽然国家档案局对于数字档案馆的建设很重视，已组织了若干相关课题推动这项工作。但全国统一规划尚未完成，目前国家级数字档案馆的建设还未具体化，正如前文所述，处于自上而下的试验摸索阶段，可见这项工作难度很大。尤其是在缺失总体规划的情况下，很难向有关领导清晰描述和解释，同时与其他部门的协调也会困难重重，主要体现在统筹规划力度不足这一方面。由于缺乏相关的指导文件和标准化规范，致使在建设过程中不能够实现资源的充分利用，建设的标准参差不齐，各地数字档案馆建设水平也存在着较大的差距。同时，一些数字档案馆在建设过程中过分地重视数字化建设而轻视了数字化档案内容的建设，使后期在数据处理与挖掘过程中无法充分发挥数字档案的自身价值。

也就是说，从全国范围来看，各地方的数字档案馆建设并未形成统筹规划、协调、共进的局面，很多档案馆各自为政，各取所需，还有许多档案馆的数字化建设缺乏长远目标，国家层面对于档案馆建设的统一规划也尚未完成，这给档案馆的建设和长期发展带来了不便。

2. 技术开发及技术人才短缺问题

数字档案馆是高新技术支撑的产物，在建设和运行方面首先面临着技术方面的挑战，所以，建设过程中需要用技术手段解决一些如数字档案信息资源的长期存储、组织管理、检索及元数据的问题，还需要为数字资源开发身份认定、智能检索、数字水印、信息隐藏、信息加密、电子签章等一系列创新技术。

数字档案馆的身份认定、信息检索、电子签章、信息加密等技术作为数字档案馆建设中的核心技术，必须有一批技术人才的支持，这对数字档案馆工作者的综合能力特别是知识结构与自身的学习能力提出了很高的要求。

数字档案馆超越了传统意义上的档案馆，其不仅是档案信息源的整合，更是多种现代信息技术的结合，体现了档案领域最人性化的服务理念与最现代化的服务水准。其更强调人的作用和技术层面，强调人的专业素养、对技术的认识与学习能力、综合应用能力等。但是，目前总体来看，档案馆人员的知识结构与技术水平还未能达到这样的层次，这是因为受到人员结构等因素的影响，档案馆缺少专业的档案管理人才和计算机人才，这也将成为制约数字档案馆建设与发展的关键问题。

此外，技术开发与应用尚不深入也成为影响数字档案馆建设的一个重要因素。目前，虽然部分地区数字档案馆建设水平较高，但是在大数据时代下，相关技术的应用尚不深入，并未实现一体化管理。高新技术的缺失，造成了数字档案的应用不能满足现阶段的工作需求，难以应对信息化时代背景下的海量数据压力。

3. 标准问题

档案工作的标准化工作还处于逐步完善的过程之中，而数字档案馆的建设可以说在很多方面带有一定的开创性，标准化工作只能与其建设同步进行。其中，有些标准规范超出档案工作的范围，还有一些标准规范必须与其他法规配套，制定的程序复杂、要求很高，如果仅仅依靠地方部门组织制定势必会出现难度较大、不易完成的情况。

（三）管理实践方面

1. 档案信息的存储和传输问题未得到及时优化

现在仍有相当多的档案馆存在硬件条件不足、设备设施简陋、信息化建设滞后的问题。由于基础薄弱，无法及时优化档案资源管理及资源存储空间分配，影响了对不同结构数据的有效管理，孤儿档案资源管理系统成了简单的数据堆砌与查询工具，数字化成果成为"死"档案。而有些档案的收集、整理、存储仍停留在传统模式上，片面追求收集数量和速度，造成只收集不开放、只存储不应用或利用率低等问题，加之档案管理人员的信息技术能力不足，数字化档案进入存储器后，无法进行有效的处理，从严格意义上讲，并未形成真正的信息存储。

2. 数据规范标准未得到统一

在实行办公自动化初期，各个业务系统和工作部门的信息化建设没有制定统一的标准，也没有从数字化档案建设的出发点制定数据规范标准。以目前常见的文档格式为例，到底是采用 DOC 还是 XML，是 RTF 还是 TXT，是 JPEG 还是 TIFF，是 CEB 还是 PDF，都没有做出明确规定，人多数都是根据办公人员自身的工作习惯进行选择，由此形成的电子文件格式不统一，兼容性不强。近年来，随着办公室自动化程度的提高，这些问题得到了有效缓解，但是仍然对各地档案馆数字档案的收集造成了一定的影响，使得档案部门的数字信息无法与各个业务系统接轨。

3. 数字档案资源管理和服务呈现滞后

数字化档案的存储离不开数据库。目前，各级档案机构，如很多高校档案馆，在基本分类、检索字段、技术实施等方面仍不够规范，增加了数字档案资源管理的难度。档案管理人员在接收数字档案后常常出现无从下手的局面，无法对数字档案进行分类存储。受此影响，数字档案大多停留在两级分类体系上，很难进行三级、四级体系分类。数字档案收集、存储依然采用传统档案类目，以年度设置档案一级目录，以部门或业务设置二级目录，一般不设三级目录。有的数据库虽然提供了检索功能，但是功能简单，检索路径单一，缺乏高级检索、二次检索功能。以高校档案为例，数字档案信息资源服务主要依靠网络，但是大部分高校网站只能链接到相应的档案信息，用户如果想查找自己需要的特定信息，就要对不同的网站逐个浏览。另外，一部分需公开的现行文件得不到及时有效公开，不能有效地发挥电子文件的作用,也不能适应档案信息资源共享的要求。目前还没有更为有效的对策,去解决档案部门如何迅速与各个业务系统及部门的数字化信息接轨及如何科学管理日益增多的电子文件等相关问题。

(四) 资源组织有待加强

随着数字档案馆的建设,现有的档案建设制度已不适应发展需要。面对数字化档案日益增多的形式,一些档案部门没有从制度层面对数字档案规范化建设进行设计,没有从制度层面对数字化档案做出规定,致使数字档案归档不够及时,归档内容缺乏规范,特别是资源组织方面有待加强。在信息化时代背景下,我国大部分数字档案馆由于客观条件和技术上的不足,电子文件没有及时进行存储、归档和接收,普遍存在馆藏数字档案资源内容不丰富、门类不齐全等问题,在档案资源开发过程中缺乏一定的深度和广度,从而使各级数字档案馆的档案资源难以实现有效的整合、共享。

近年来,随着理论和实践的不断深入,我国数字档案馆取得了一定的成就,但如同其他新生事物一样,数字档案馆在快速成长的同时也产生了亟待解决的问题。想要数字档案馆更好地进行规范化建设,还是要通过转变管理思想、管理行为,突破业务机构和工作部门的界限等方式,加速数字档案馆的发展进程。

(五) 信息服务亟须推进

我国数字档案馆的档案服务建设工作虽然取得了一定的成效,但仍然存在如数字档案资源结构单一、数据发掘的深度和广度不够、难以实现知识的转化、数字资源的利用工作仍然停留在简单的数据查询上等问题,特别是近年来通过调研发现,在档案网站的在线信息服务过程中,存在的问题在一定程度上降低了数字档案资源的竞争力。在今后的发展过程中,信息服务亟须推进。

(六) 信息资源安全方面

档案数字信息安全是数字档案馆建设过程中需要重点关注的问题。传统的纸质档案管理模式,注重的是档案实体安全问题的安全威胁,档案工作者只要严格遵守保密程序,档案信息泄露的风险就较低。

然而在大数据时代,档案信息主要通过网络进行信息的流转,极大地增加了档案数字资源信息的潜在风险。档案数字资源的重要特征就是开放性和共享性，这是一把双刃剑，在给档案利用带来极大便利的同时，也给档案信息资源带来了较大的安全威胁，如计算机病毒、黑客入侵等问题。就档案信息资源数据库本身来看，信息资源的易更改性、档案设备与软件系统的不兼容性等也是数字档案信息安全的风险因素。

第三节　数字档案馆建设的发展方向和举措

在数字档案馆建设进程启动以来，通过档案管理人员及从业人员多年的努力，我国数字档案馆建设已取得了不错的成效，档案数字化、基础设施建设成绩显著，档案部门工作重心已逐步转向档案资源的共享与服务。未来数字化档案馆建设也将努力摆脱"重馆藏、轻利用"的传统观念，树立新时代的档案服务观，以服务大众需求为中心，走出一条以先进技术为基础，实现数字化档案馆管理的智能化、多媒体化和虚拟化之路，充分发挥数字档案馆的高效服务功能。

一、数字档案馆建设的发展方向

数字档案馆是数字时代档案馆的发展方向，是现代的新型档案馆，要加强数字档案馆的建设步伐，就要转变管理模式，努力提高各种数字资源的交融度，增强档案信息资源的真实性、有效性和有序性。

（一）充分利用云计算技术，向智慧档案馆方向发展

云计算是由网络技术发展而来的，这是云计算受到档案界人士青睐的原因之一。同时，云计算运用在档案工作中的优势还表现在实现档案信息资源共享、节省投资成本及运维费用、提高信息系统安全性等方面。随着以"云计算"为代表的新一代信息技术革命浪潮的持续高涨，使得网络技术、数据库技术等各种信息技术迅猛发展，为数字化档案馆的开发利用创造了前所未有的技术条件。可以说，"云计算"等新兴的计算和服务模式在档案信息化建设中的应用代表着数字档案馆的建设迈入了新阶段。在以"云计算"为背景的时代，智慧档案馆是数字档案馆未来的发展方向。[①]

[①] 薛四新. 档案馆现代化管理：从数字档案馆到智慧档案馆［M］. 北京：电子工业出版社，2019.

(二)加大完整收集力度并深度整合档案资源

在档案收集方面,需要通过调整馆藏建设思路和收集导向、扩大档案接收范围,增强档案征集力度,做到应收尽收。在尽力完整收集的基础上,加强深度整合档案资源,打造"第二代"或"升级版"的数字档案馆。档案信息资源整合与利用包括管理机构整合、信息资源整合、服务载体整合、人才队伍整合等。其中,管理机构整合是信息资源整合的前提和基础,信息资源整合又是档案利用的重要支撑。根据新时代数字档案的特点,应以档案资源整合利用需要,坚持开发和利用为主导,把握档案资源整合利用基础思路,合理选择档案资源整合类型,熟练掌握利用方法,为档案信息资源整合与利用的实际开展提供指导。

(三)向档案信息用户提供"一站式"服务

全面开展数字档案馆建设工作,应明确档案信息服务的重要位置。在数字档案馆的总体建设中也要着重体现以人为本、以内容为主体的原则。多个互联网界面上能对数字档案馆内部与外部环境中的多项信息资源多层次展示,使得用户信息查询中各项操作能得到有效优化。依据各项规则能为档案用户提供一站式服务,在数字档案馆建设中发挥网络媒介作用,通过网络技术来优化各类档案管理服务,建立网络档案数据库。目前,数字档案馆档案信息服务在执行中,要做好多项信息的组织与交流,对各项建设措施合理调节。选取较为先进的计算机网络及通信技术,对数字环境中档案信息合理收集与整理、储存,为档案用户及时提供档案管理工具。在管理阶段发挥交流平台的应用价值,为广大数字档案利用者提供各项申请、数据信息检索及资源查询工作。

(四)开展新型数字档案服务,实现资源协同与信息增值

从目前国内大多数档案馆建设现状中可以看出,我国多数纸质档案在存储与管理中实现了数字化,数字档案馆基础建设完善,还要注重强化原有的管理网络建设,做好各项管理业务协调,补充更多数字档案服务,这也是今后数字档案馆建设发展中的重要内容。未来在数字档案馆建设中,更全面实现网络化发展,对各类档案管理系统进行全面协调与整合。各层管理部门之间要强化练习,这样有助于对前端档案文件合理控制,强化政府部门有效协

作。全面推动档案管理网络化进程,能促进我国多数档案信息合理应用,引导社会公众做好档案信息决策工作,推动社会经济全面发展。

(五)锁定方向持续探索,全面优化技术应用

未来数字档案馆的建设发展中,馆藏资源要基于各项技术载体进行存储和管理。相关建设部门应做好上层结构设计,对海量数据信息进行存储管理,实现海量数据检索访问,使得多项数据能长期性保存。在顶层设计中,要明确总体管理的设计方法,从整体角度对数字档案建设方案优化设计,确保设计方案拟定更为规范。将数字档案管理机构系统性全面展示,对各项发展目标合理拟定。在数字化技术的全面发展中,各类电子文件归档数量不断增多,在多项信息储存中,对存储技术提出了更多更高的要求。管理部门应重点发挥网络环境在线存储技术应用价值,拓宽存储空间,同时合理选取对应的数据挖掘技术等,对档案数据资源进行深入分析、整合,突出档案管理价值,最后还应整合多媒体数据访问技术及数据检索技术,实现检索优化。

二、数字档案馆建设举措

数字档案馆的发展建设是一项长期的系统工程,档案工作者应该积极思考,如何体现当下档案的大数据价值,针对目前发展中遇到的问题,需要提出顺应潮流、适应信息化发展的举措,探索新的档案管理方式,以适应数字档案馆发展的新要求。

(一)档案部门应加强数字档案馆标准建设

数字档案馆建设标准从本质上是一种统一规定,指明了数字档案馆建设过程中应当遵循的准则和依据,能够为数字档案馆的建设单位提供有效参考的具有指导性和规范性的文件。数字档案馆建设标准应该注重两方面的内容:

一是技术标准,这是针对数字档案馆的建设内容提出的技术要求。

二是组织标准,这是用以组织数字档案馆活动的依据。首先,在制定数字档案馆建设标准时,既要充分考虑到数字化档案的特殊性,也应该满足传统档案管理的工作需要。其次,应当充分借鉴或采用国际通用性标准。最后,技术的发展过程是一个动态的过程,因此必须密切关注相关技术的发展动态,适时做出修订与完善。我国在数字档案馆的标准建设方面,已经远远

落后于欧美发达国家，这严重阻碍了数字档案馆的发展进程，因此今后在标准建设方面必须加快进度。

(二) 加强数字档案信息资源建设

各类数字档案信息资源的建设和整合是构建数字档案馆核心竞争力的基础。目前数字档案馆的数字档案主要有两大来源：

一是传统载体形式的档案进行数字化处理后形成的数字档案信息。

二是直接通过计算机生成和处理、在网络中传递并由档案机构集中归档的电子文件。

档案馆在收集以上两类资源的同时，还应适当补充相关的网络信息资源，进一步丰富馆藏。此外，数字档案馆在建设中要充分利用本馆的馆藏特点和资源优势，加大档案信息资源的开发力度，提升编研工作的质量，注重开发特色性的专题，以实现档案信息资源的共享。

(三) 建立综合应用系统

数字档案馆是一个信息综合体，包含了对数据的收集、加工、录入、检索和利用等多个环节，必须依靠强大的数字档案管理系统和综合性的档案资源数据库实行管理。

数字档案管理系统主要分为档案数字化采集、日常业务管理和档案查阅三大部分。数字化采集模块利用检索技术、存储技术，批量完成对纸质档案材料的数字化采集工作。系统日常业务管理涵盖基本的档案整理、著录工作。档案查阅部分采用网络技术提供本地及远程查档、阅档功能。另外，系统使用接口技术，收集分散在其他单位部分应用系统中的数据信息。以高校为例，档案管理系统可以通过与学校 OA 系统的对接，实现校内流转的电子公文自动归档。系统按照实体归档与电子归档相结合、实体利用与网络利用相结合的原则，实现档案收集网络化、档案保管网络化和档案利用网络化。

档案资源数据库是指以网络应用及智能收集、手持电脑移动设备信息的传输，使得非结构化数据与日俱增，非结构化数据即由移动网络设备产生的通过图像、音频、视频、图表等体现出来的信息。在现在的大数据环境下，档案资源数据库除了管理传统的结构化数据外，还要管理大量非结构化数据，因此，资源数据库包括目录数据库、文件数据库、多媒体数据库。数据库利用海量存储技术将分散的结构化与非结构化数据资源相互关联，以克服结构数据与非结构数据内外部分界，形成超大规模的数据资源。在此基础上，利用大数据分析、挖掘技术对数据资源库进行优化、提炼，建立数据资源目录，提高数据检索效率。

（四）完善数字档案馆信息服务平台

数字档案馆不受时间、空间的限制，向社会全方位地提供档案信息服务，必须依托于一个性能稳定、功能良好的服务平台作为有力的支撑，而这一服务平台主要由4个基本要素构成。

1. 服务的传输平台——档案网络体系

档案网络体系的建立，一方面使电子档案的征集接收工作更加方便快捷；另一方面也是为政府部门、为社会公众提供网络化档案信息服务的有效途径。建立高效的局域网与发达的数字档案馆网络体系，才能真正实现文本、图片、声音、视频等多种类型档案信息的有效传输，以及多用户并发访问。

2. 服务的展示平台——档案门户网站

作为档案信息的展示和服务的基点，数字档案馆网站的建设直接体现着一个档案馆的实力与服务质量。把数字档案馆内外、网上网下的档案信息资源集中在互联网页上，向档案信息用户提供"一站式"服务，这是数字档案馆建设工作的重要目标。

3. 服务的资源平台——档案数据库

建设容量大、质量高、方便易用的网络数据库是为用户提供网络服务的基础。档案数据库建设既可任意由单个数字档案馆独自建立，也可以由多个数字档案馆联合共建，各档案馆可根据自己的实际情况进行开发与建设。

4. 服务的存储平台——档案信息资源存储系统

拥有丰富而且有序的档案信息资源，是数字档案馆向用户提供档案信息服务的必要前提。而海量的数字化档案信息资源首先要有一个安全可靠的海量存储空间，来为其提供强有力的支持。一般来说，数字档案馆的存储系统必须具有容量大、可扩展、高安全、易管理等特点，其设备主要有磁盘阵列、磁带库、光盘库、光盘塔、光盘网络镜像服务器等。这些存储设备因其信息存储特点不同，其存储条件与运行环境也存在差别。各数字档案馆在构建存储系统时，可以结合自己的实际需求及不同的存储设备与存储技术的情况，进行综合考量、灵活组配，从而搭建出符合自身实际情况的仓储平台。

(五) 建立数字档案馆的安全保障体系

各级档案部门在开发利用档案信息资源和网络系统建设工作中,应制定严格的安全管理制度,对人员责任、设备运行与维护、工作流程等各个环节加以控制,从制度上确保档案数据的安全。此外,还应当综合应用多种网络安全防护技术,以保障数字档案信息资源在网络存储、传输、使用过程中的安全。例如,工作人员可以通过建立数据迁移、备份、恢复制度,利用网络防火墙和杀毒软件、访问控制、身份鉴别、信息加密等手段,从技术上为数字档案馆的安全运行提供可靠保障。

(六) 注重培养全面的新型档案人才

人是最宝贵的资源,在数字档案馆的建设中,人才起着至关重要的作用。数字档案馆对人员的综合素质提出了更高的要求,不仅需要具有强烈的服务意识和高水平的业务能力,而且需要对信息技术有着深刻的理解与掌握。

首先,数字档案馆应加强对工作人员的培训,全面提升档案馆工作人员的知识结构、综合素质和专业技能,以应对新技术环境下的档案管理工作。其次,数字档案馆的构建与运作是一项技术密集型的工作,档案馆可以通过引进专业人才的方式,来满足数字档案馆构建与运行过程中对人才的需求。最后,数字档案馆在发展过程中必然会面临一系列法律问题,这就要求数字档案馆在人员结构中注意吸纳部分法律人才,以确保数字档案馆的建设与运行更加合理规范。①

虽然我国数字档案馆的发展刚刚起步,但经济技术的进步已经为大力发展数字档案馆创造了有利的条件。管理及图文声像一体化等应用功能,这些成果极大地推动了我国数字档案馆建设的进程。

(七) 探索数字档案馆共建共享的联盟机制

针对数字档案馆能够互联互通、共建共享的特点,可以通过跨层级、跨区域构建数字档案馆联盟的方式,制定联盟章程,以资源整合、优势互补、共建共享、服务民生为原则,明确责任、义务、人物、合作方式,联盟会员

---

① 陈正萍. 数字化档案馆建设发展思路 [J]. 江苏科技信息, 2019 (11): 19-21.

共同遵守。构建信息共享平台，统一数据资源规范，建立远程查询，跨馆出证研讨、技术交流、策划网上展览，构建虚拟档案文化社区，促进数字档案馆的协调发展，提高服务效能。

总体来说，国家基层档案馆在建设数字档案馆的过程中依然面临困境，就目前来看，大多数的基层档案馆只是停留在简单的馆藏档案的数字化处理，初级的目录数据库建设、全文数据库建设还有待完善。在档案网站建设方面，内容还不够丰富，利用网站开展档案信息服务的能力还比较薄弱，只有采取有效的解决措施，才能摆脱数字档案馆的发展瓶颈，推动其稳健、长足的发展。

第四节 数字档案馆建设面临的机遇和挑战

在中国，几个具有一定数字化基础的档案馆在数字档案馆建设方面已取得不少成果，其为今后数字档案馆建设的实践提供了参照与借鉴，然而我国在数字档案馆建设过程中面临许多实际问题亟待解决，所以探索适应中国国情的数字档案馆的建设策略，对中国档案信息化建设来说是大势所趋。总之，建设数字档案馆是推动国家信息化发展的需要，也是我国档案事业获得长足发展的必由之路。在数字化发展与建设的过程中，机遇与挑战共存，只有将挑战视为一种新的机遇，才能够促进数字化档案建设工作步入发展的快车道。

一、数字档案馆建设未来的发展机遇

数字档案馆建设经过近 20 年的探索与实践，日益成熟。电子政务的发展、新技术的应用带来了新的发展机遇，同时也面临数字化到数据化的需求转变、网络整合与资源共享、信息安全、专业人才的匮乏等新的挑战。在此背景下，本节提出了数字档案馆建设的发展机遇与挑战。

（一）电子政务的快速发展

2018 年 4 月 20 日，习近平总书记在全国网络完全和信息化会议上强调，信息化为中华民族带来了千载难逢的机遇。我们必须敏锐抓住信息化发展的历史机遇，发挥信息化对经济社会发展的引领作用。在这样的大形势下，国务院从顶层出台了《关于促进电子政务协调发展的指导意见》、《关

于促进大数据发展行动纲要》、《关于加快推进"互联网+政务服务"工作的指导意见》、《关于印发政务信息资源共享管理暂行办法的通知》及《国务院关于在线政务服务的若干规定》(国令第716号)和《国家档案局关于修改〈电子公文归档管理暂行办法〉的决定》(国家档案局令第6号)的修改等,这些法规政策,均在政务网络资源共享,提高便民化服务效率和电子档案的法律效力等方面提出了明确的要求,成为深化数字档案馆建设的重大机遇。

(二)新技术的广泛应用

维克托·迈尔-舍恩伯格在其《大数据时代》一书中曾经有这样一段描述:大数据开启了一次重大的时代转型,正在改变我们的生活及理解世界的方式,带来了一场生活、工作与思维的大变革。如他所说,物联网、云计算、区块链等新兴技术为电子档案管理开辟出了新的应用前景,并进一步把数字档案馆与实体档案馆相关联,促进了单体数字档案馆向区域性数字档案馆转变、资源由数字化管理向数据化管理转变,并有力地推动了数字档案馆向智慧型档案馆发展,拓宽了未来数字档案馆的建设思路与空间。

(三)政策推动、创新驱动不断升级

近年来,国家为鼓励和推动数字档案馆建设的全面稳健发展,加快信息化发展的整体进程,出台了一系列实践层面的相关法规政策。例如,中共中央办公厅、国务院办公厅出台的《关于加强和改进新形势下档案工作的意见》中,明确要求各级党委和政府要把数字档案馆的建设列入信息化建设整体规划当中,把各级档案馆建成数字档案馆。在《全国档案事业发展"十三五"规划纲要》中还提出,到2020年,要初步实现以信息化为核心的档案管理现代化,将省和省辖市档案馆建设成为数字档案馆,50%的县建成数字档案馆或启动数字档案馆建设项目,这些都成为数字档案建设的政策依据。经过了近20年的发展,数字档案馆的建设已经积累了相对成熟的经验,为理论研究和实践应用提供了实证与借鉴。

数字档案馆的理论创新研究方面也出现了长足进展。2014年,国家档案局技术部就牵头开展了关于电子档案长期保存问题的研究,探索解决了长期困扰档案界的电子档案完整性、可靠性、真实性、安全性的问题;2015年,青岛市档案馆启动了智慧档案馆研究,推进了数字档案馆建设进入了崭新的阶段;2017年,中国档案学会三维电子文件管理学院研讨,旨在破解实践中三维电子文件管理难题；浙江省于 2017 年 12 月 31 日发布、2018 年 1 月 31 日实施的地方标准《政务办事"最多跑一次"工作规范第 3 部分：政务服务网电子文件归档数据规范》，进一步推进了电子文件规范化管理；上海长三角三省一市民生档案在线查询服务初显区域化共建共享端倪；中国石化首次尝试使用区块链技术对电子卷宗生命周期管理中心的应用，微电子档案的安全管理又辟新径；2019 年 5 月，国家档案馆副局长付华同志在第二节数字中国论坛发表的主旨演讲《电子档案走向单套制》，国家档案局、国家财政部、国家税务局等部门联合开展了电子发票归档试点，这些都预示着电子档案时代的真正到来。

（四）云计算为数字档案馆建设带来了新的发展活力与动力

云计算是信息领域近年来兴起的技术革新，被看作是继个人计算机、互联网变革之后的第三次 IT 浪潮，是我国战略性新兴产业的重要组成部分。数字档案馆的产生依托于互联网技术，是档案信息化建设的重要内容。云计算的出现在运算速率、资源共享、信息检索等方面为数字档案馆的建设带来了新的发展机遇。

1. 提供海量信息存储空间

云计算是一种新兴的网络存储技术，其通过集群应用软件将网络上的信息集合起来协同工作，共同对外提供数据存储和业务访问功能的系统。拥有庞大服务集群的云存储平台可以为档案信息提供海量存储空间，解决了数字档案馆不断增多的馆藏问题。

2. 促进档案信息资源共享

在云计算环境下数字档案馆建设过程中，档案馆可以根据自己的服务对象与共享范围来选择公有云、私有云或混合云进行信息资源共享，也可根据自身资源类型与服务方式等选择硬件共享、平台共享或软件共享。对于用户而言，通过云共享可以随时随地实现档案信息资源的一站式共享。

3. 档案信息检索更加方便、快捷

云计算环境下的数字档案馆可以将不同档案馆的信息集中到一个大的资源池里面，馆际间的"信息壁垒"被打破，实现跨库检索。资源池里面的信息可以按需分配，就像生活中的水、电、燃气那样，用户可以通过支付一定的费用获得自己所需的信息资源，免去了用户在查找、利用档案信息资源时反复打开多个数字档案馆界面的问题。用户只需进入其中一个档案馆的网页便能查询到与之合作的档案馆的馆藏内容，真正实现一站式跨库检索。

4. 节约数字档案馆建设成本

传统数字档案馆建设的过程中，需要投入大量成本来建设安全性能高、稳定性强的大容量信息存储系统及进行读取档案所需硬件的维护。将云计算引入数字档案馆建设，用户可以利用庞大的云计算资源，按需购买自己所需的软硬件，通过浏览器查找档案满足自己的需求。存储系统方面则可以由云服务商代劳，减少数字档案馆的建设成本。

二、数字档案馆建设面临的挑战

数字档案馆建设就如逆水行舟，不进则退，信息数字化给档案事业和社会带来了前所未有的机遇，主要体现在以下8个方面。

（一）数字化技术的诸多问题

数字档案失真问题是近年来亟待解决的技术问题，也给数字档案馆的发展提出了新的挑战。数字化档案的工作生命线就在于保护档案的原来样子。但是数字化档案发展至今仍然存在很多的问题，目前扫描技术也在不断发展，但依旧不能保证分辨率的质量，同时还威胁着数字化档案的发展。如果想让数字化档案馆得到长期稳定的发展，就要不断提高数字化技术的水平，这是目前相关技术人员需要解决的最重要的难题。

（二）从数字化到数据化的转变

所谓数据化，就是"将图像文件，通过数据化技术，转化为计算机可以对其内容进行识读、分析、挖掘的文本信息文件"。数字化随之带来数据化，但数字化无法取代数据化。数字资源是数字档案馆建设的基础，近年来，档案数字化取得了长足发展，但仍然存在数字化图片无法满足档案利用者对文本全文的检索问题。档案原件状态差别较大，大量的历史档案、手稿、油印件、图表等还无法识别，大量的音频、视频、照片等还需要人工和技术手段去解析。想要适应数据管理的需求，还需要大量艰苦细致的数据加工工作，以实现数据的增值。同时，伴随着"互联网+"政务服务的推荐，除了传统档案馆的数字化资源，结构化数据和非结构化数据也呈现几何级数增长。如何做好这些大数据的采集、规范管理、长期保存等相关工作，是相关人员面临的重要挑战。

(三) 政务网络资源的整合与共享

2017年发布的《政务信息系统整合共享实施方案》（国办发〔2017〕39号）要求推动分散隔离的政务信息系统加快进行整合，整合后分别接入国家电子政务内网或国家电子政务外网的数据共享交换平台。除极少数特殊情况外，政府各类业务专网都要向国家电子政务内网或外网整合。在这样的背景下，各级政府都建立了政务云平台，要求各单位的信息系统迁入云平台，地方财政不再支持各部门自建数据中心，也不再支持各部门购买、更新网络、存储、安全设备，数字档案馆的"局域网"面临"被迁移"。《政务信息资源共享管理暂行办法》（国发〔2016〕51号）规定，政务部门在履行职责过程中制作或获取的，以一定形式记录、保存的文件、资料、图表和数据等各类信息资源要以共享为原则、不共享为例外的理念实现共享，如何既适应政府网络资源整合和政府信息资源共享要求，又确保信息系统与数字资源的长期安全，是当前必须面对的课题。

(四) 信息安全的威胁

互联互通、资源共享的同时，也会有许多安全的风险。面对不同用户需求和信息共享的呼声，档案信息资源的分类、鉴定严重滞后，共享平台上"有车无货"或"有车货少"的现象不同程度地存在；存储介质的性能质量良莠不齐，数据定期迁移、备份、检测常态机制还未形成；档案信息资源的开放与控制、保密与共享的矛盾也愈发突出；档案数字化过程中对公司、人员、场所、档案实体档案信息、数字化成果管理的安全风险犹存；网络安全、系统安全、信息安全仍是未来面临的重大挑战。

(五) 数字档案馆信息技术环境日趋复杂

随着社会信息化加速发展和计算机技术及其应用的多样化，数字档案馆将面临复杂的信息技术环境。

首先，信息技术环境的复杂性集中体现在电子文件形成环境（即电子文件管理系统）的分布式和异构性。所谓分布式是指电子文件及其所依赖的系统并非存储于同一个场地的计算机存储设备上，而是分散地存储在各个相关的不同场地上，并可通过网络将其联结在一起。所谓异构性是指电子文件所依赖的系统是异构的，不仅表现为系统平台与应用平台的异构性，而且表现为数据结构、数据模型、数据格式等方面的结构各异。造成这种现象的主要原因在于缺乏统一的建设标准和系统模型，致使各地各部门如雨后春笋般涌现出来的办公自动化、电子政务工程形成了各自为政的局面，直接导致了分布式异构系统的急剧增加。

其次，信息孤岛现象日趋严重。所谓信息孤岛，指的是一个个相对独立的不同类型的信息系统，由于各系统相互封闭、无法进行正常的信息交流，犹如一个个分散、独立的岛屿，因此被称为信息孤岛。以企业为例，据统计，企业数据每年以200%的速度增长，其中80%的数据以文件、邮件、图片等非结构化数据形式存放在计算机系统中的各个角落，无法共享，通过网络公开的企业信息只占信息总量的20%左右，电子政务系统的状况亦是如此。

最后，电子文件的基本特征及信息技术频繁的范式转换，使得档案部门无法确保电子文件的真实性、完整性和持久有效性。信息技术的范式转换主要是指电子文件所依赖的旧有技术环境发生改变，造成电子文件无法持久有效和长期保存。具体表现在：

第一，电子文件所依赖的软硬件易于过时作废，造成数字媒体寿命的短暂性与限制性；第二，电子文件的存储格式易于过时，直接造成电子文件不可阅读，必须采取迁移等措施和手段保持电子文件的长期可读性；第三，应用系统的升级改造或更新换代，造成电子文件的呈现方式和查询接口发生异变；第四，电子文件在迁移和传递过程中，容易造成信息（特别是格式信息）的流失，无法保障电子文件的原始性、完整性。

上述日趋复杂的信息环境对档案部门实施数字档案馆系统建设带来了诸多难题。具体而言，这些难题表现在电子文件的捕获、真实性保障、电子文件长期保存、存储管理和一体化检索服务、信息共享等方面。

(六) 数字档案馆管理对象日益增多

数字档案馆系统的管理对象已日趋多样性，这种多样性不仅表现为技术的多样性，而且表现为来源的多样性。

第一，技术多样性。数字档案馆管理对象的技术多样性集中体现在电子文件的格式分类。我国国家标准《电子文件归档与管理规范》（GB/T 18894—2002）将电子文件划分为8种类型，而每一种类型又都包含多种文件格式，如文本文件的格式有RTF、DOC、TXT等；图像文件的格式有TIF、

JPG、BMP、GIF等；影像文件的格式有WMV、AVI等。

随着信息技术的不断发展，新的电子文件种类还会不断产生，档案部门应该密切关注和掌握不同种类电子文件的特性和运行方式，为电子文件的归档管理和长期保存做好充分准备。

第二，来源多样性。数字档案馆管理对象的多样性则集中表现为以下3个方面：

首先是档案目录数据库。我国于20世纪80年代起开始档案自动化管理研究工作，经过20余年的实践与发展，已经形成了一批颇具规模的档案目录数据库。档案目录数据库作为馆档案的概要反映，不仅仅是实现档案自动化管理的主要工具，也是档案进入实际应用领域、发挥作用的主要桥梁，因此其不仅是数字档案馆系统的主要管理对象，也是数字档案馆系统的基础性数据。

其次是数字化形成的电子文件。数字化是档案信息资源开发利用、向社会各界提供优质档案信息服务的一项必不可少的环节和基础工作，是保证档案信息快速有效传播、方便使用及实现长期保存的一项重要手段。通过数字化形成的大量电子文件，必然是数字档案馆的管理对象。

最后是现行电子文件。由于办公自动化、电子政务、电子商务等技术的不断发展和普遍应用，电子文件大量产生，并将进一步成为新产生文件的主体，成为数字档案馆系统的主要管理对象。

目前数字档案馆必须面对和加以管理的是大量的、在馆外多种多样结构各异的计算机技术平台中形成的现行电子文件、档案和其他信息资源。这些管理对象不可能具有统一的结构，既有非结构化数据（如WORD文件），又有结构化数据（如数据库文件），还有一些是半结构化数据（如邮件文件）。因此，做好电子文件归档与管理工作，是档案信息化适应办公自动化、电子政务、电子商务等信息化发展的必然要求，已经成为新时期档案工作者面临的最大挑战和难题。

（七）面对云计算的挑战

云计算环境下，数据、应用及业务都存储和运行在远端的云计算中心而非传统的数据中心，因此自诞生之日起，其安全、管理等问题就一直为业界所关注。虽然云计算为数字档案馆带来的好处显而易见，但其给数字档案馆建设带来的问题也不容小觑。

1. 数据安全问题

为保证云服务的灵活性和通用性，云系统为用户提供了开放的访问接口，大量用户数据共享在云中，很难做到数据独立和互相隔离，给数据安全带来威胁。而档案由于其原始记录性，对信息的真实性有着更高的要求，且档案信息可能涉及有关单位或个人的秘密，在使用过程中很可能因为系统安全漏洞、黑客攻击等不可控因素，造成信息的泄露或丢失。此外，基于云计算的数字档案馆对云有很强的依赖性，如果云平台在信息传输过程中出现任何问题，以及云计算服务商破产或运营方式发生改变，都会给数字档案馆的运行带来极大的影响。

2. 法规标准问题

在云计算环境下进行数字档案馆建设，需要相关法规标准的支撑。虽然我国有以《档案法》为核心的一系列法律法规体系，但现行法律法规对于数字档案信息的存储、传输的相关规定还不具体，操作性不强，甚至存在空白，需要继续完善和制定，如云服务商服务收费标准问题。如果不制定一个统一的标准规范，就可能导致各大服务商漫天要价或恶意的价格竞争等问题的出现。又如，关于数据迁移标准的问题，如果各个档案馆数据迁移标准不一，就会导致云系统内信息存储格式不一致，不利于用户对档案信息的利用。这些都需要制定和完善相关的法规标准来解决。

3. "云"管理问题

如何将云中的数字档案资源融入社会公共文化服务体系而不是使之继续成为一片神秘"云海"，这就对其管理水平提出了更高的要求。此外，在云计算强大的信息处理、分析功能下，看似普通的信息也有可能会泄露国家机密。例如，保密级别较高的档案信息只对一部分用户开放，若管理不到位，对这些档案就可能造成信息泄露、传播把关不严，甚至沦为不法分子的作案工具，将给国家或个人带来危害或损失。

4. 版权保护问题

在云计算环境下，各档案馆可以通过有关协议共享彼此的档案资源。然而，各档案馆在利用云计算服务用户、提高信息资源共享自由度的同时，也面临着版权纠纷问题。档案作为一种特殊形式的作品，受到《著作权法》和《档案法》的双重保护。在数字档案馆建设的过程中，由于《著作权法》与《档案法》对档案的开放、公布（发表）等方面存在诸多冲突。如《著作权法》规定：发表权属于权利人。而《档案法》规定：属于国家所有的档案，由国家授权的档案馆或者有关机关公布；未经档案馆或者有关机关同意，任何组织或个人无权公布。所以，档案作品的发表权是属于权利人还是档案馆就很难做出判断，解决《著作权法》和《档案法》的相关规定冲突问题还需要国家版权局与国家档案局相互协调一致。

（八）专业人才的匮乏

信息化技术发展日新月异，信息化人才严重短缺。尽管专业的事交给专业的人去做，但在各级数字档案馆的建设与应用中，管理人才、技术人才、应用人才缺乏的问题普遍存在，特别是在市县级档案馆尤为突出。建成什么样的数字档案馆？如何建设数字档案馆？怎样应用数字档案馆？必须目标明确，任务清晰，加快应用，创新发展。专业人才的匮乏制约着数字档案馆的发展，专业人才的培养迫在眉睫。

综上所述，数字档案馆建设仍然存在着许多问题，新的时代为数字档案馆建设提供了新的发展机遇和挑战，因此，在现阶段数字档案馆建设的过程中要做好统筹规划、合作机制和人才培养工作，从而实现数字档案馆的可持续发展。

第三章 信息化时代档案管理的发展与创新

信息化时代下，资源信息表现出多而杂、传播速度快的特点，这就要求档案管理工作必须与时俱进，紧跟时代潮流，加强创新，不断提高自己，档案管理工作才能更好地开展。

第一节 我国档案信息化管理的发展现状

档案信息化建设是需要结合档案馆开展档案工作的实际需要和现实条件，遵循效益驱动原则，使有限的资金发挥最大的作用，利用网络、服务器、数据库、管理系统等IT手段更好地为档案工作者进行档案和档案信息的管理服务，进一步提高档案管理和服务水平，挖掘档案资源，为社会各界提供广泛的信息利用。因此，在全国档案信息化迅速发展的过程中，我们要保持清醒的头脑，了解发展现状，在总结以往信息化经验教训的基础上，充分吸收西方先进的信息化理念并结合国内档案信息化应用过程中的难点和现实需求来开展工作，只有这样才能更有效地推动我国档案信息化工作的持续、健康发展。

一、我国档案信息化管理取得的成绩

从目前的实际情况来看，我国档案信息化管理取得了一定的成绩，具体内容如下：

（一）总体规划、统一部署，加速发展

一些单位在档案信息化建设过程中采用了总体规划、统一部署、集成化应用的做法，取得了较好的成效。这些单位把档案信息化管理纳入到相关单位的全局信息化建设过程中，将档案信息作为单位信息资源的重要组成部分来实行统一管理。这样不仅解决了档案业务管理的现代化，而且解决了伴随电子政务产生的电子文件的实时归档等问题。档案利用者根据各自的权限随

时可以查询到其权限范围内的档案信息,即实现了电子文件"生成—处理—收集—整理—移交—归档—档案管理—检索利用"全过程管理。如我国某部委在档案信息化建设过程中就采取了这种方案,并取得了较大的成效。在实施路线上,他们明确需求,确立项目的实施目标与验收目标,采用"外包"的项目管理策略;在技术路线上,他们不盲目追新,坚持实用的、稳定的、"能满足需求就是最好"的技术原则。尽管研发公司多次建议他们将原来 C/S 结构的档案管理信息系统改版为 B/S 运行模式,但经过综合考虑,他们认为 B/S 结构在计算速度、功能实现等方面也存在一定的局限性,特别是客户端在对大容量数据进行深层次分析、汇总、批量输入输出、批量更改等的处理上难以满足实际业务的要求,尤其难以实现图形图像等复杂信息的处理,对于需要与本地资源(如调用本地磁盘文件或其他应用程序、扫描驱动、OCR 识别、图形压缩与解压缩和工作站本地密码机的调用)进行交互性的操作上也很不方便,故难以适用于基于流程类的办公、办证、审核等系统。因此他们没有完全采纳研发公司的建议,而是采用了 C/S 和 B/S 混合应用的模式,在部委机关内部的办公局域网内及数据处理较为复杂的业务部门采用 C/S 结构,面向内部或互联网用户进行数据录入和查询浏览等操作时则采用 B/S 结构。因此可以得出这样的结论,只有采取科学有效的实施方法,开展符合实际业务需求的信息化建设工作,档案管理信息系统的应用才能取得最佳的成效。

(二)构建重点突破,落实到位的发展格局

对于省市级的大型档案馆,档案工作任务繁重、业务复杂,选择重点突破、示范应用并加强落实的实施方法是非常有效的。如我国某一市级档案馆作为一个专门的综合档案管理机构,其接收的档案之多、管理之精细是企事业单位的档案管理部门所不能比拟的。其在制定了整体信息化建设战略与规划的基础上,按照"收集编目整理加工转化保管利用"的业务流程,开发和实施支持档案业务管理的信息系统,采用自主研发和"外包"实施相结合的技术路线,充分发挥各自的优势,保证系统设计人员、开发人员与档案业务管理人员能够进行充分沟通,明确需求,统一目标,先后成功实施了档案数字化制作系统(包括目录管理信息系统和馆藏数字化加工系统)、全文信息数字化管理系统(包括纸质档案数字化系统、缩微胶片数字化系统、照片与声像档案数字化系统)、数字化存储系统、档案数字化利用系统(包括档案检索系统、实体档案借阅系统)、局馆网站发布系统、网上审批系统等。由于各管理信息系统的应用需求针对性很强,因此在相应档案管理流程的实现思路和应用模式上,都考虑得比较周到,为系统的成功应用奠定了坚实的基础。目前以上各个信息系统已经在该档案馆内部保持良好的运行状态,使得档案馆在编目、加工转化、保管、利用、数字化等业务管理环节上实现了自动化处理和信息化管理,大大提高了档案工作者的管理水平,提高了档案信息服务利用的效率。

(三)形成需求推动、分步实施的格局

档案信息化建设在全局规划的基础上采取分步实施策略,也是很多档案馆开展信息化建设的主要思路之一。如某大学档案馆,采取了"需求推动、分步实施"的信息化应用策略,自主研发和实施网络版的档案管理信息系统。该档案馆首先选择了业务繁忙、工作量大、档案流动性强的人事档案管理业务作为首期网络化应用的突破口,针对人事档案管理业务定制开发管理信息系统。此系统的成功实施与应用,大大提高了业务人员的工作效率和管理水平,特别是系统在人事档案的库房管理中,如盘点、入库及转出等流程环节,采用了无限条形码扫描技术,实现了对馆藏档案数量的准确统计、规范化管理和高效率的盘点。

二、存在的不足

"十三五"规划中对加快档案管理信息化进程提出了"持续推进数字档案馆建设,加快提升电子档案管理水平,加快档案信息资源共享服务平台建设"的要求。对照反思各档案部门在档案信息化建设过程中需要做什么、怎么去做、依据和标准等方面还存在一些不足和问题。

(一)政策文件理解深度不够,工作重点落实不到位

目前,档案信息化管理在非档案管理为主业的基层档案工作仍有时被看成小众专业,档案信息化工作又具有档案管理和信息化技术一体化的特殊性,容易出现对政策性文件理解深度不够的问题,对一些"两办《意见》、四个全面、四个体系、两个平台、三个(类)数据库、四个保证系统、五个(处理对象)管理系统"等概念理解不清的情况。对档案信息化建设"干什么"理解不透势必出现工作重点抓不住、宏观方向把握不准等问题。

第三章　信息化时代档案管理的发展与创新

（二）标准规范掌握不到位，工作成果考核不精确

档案信息化建设工作横跨档案管理和信息化技术两个专业，专业性较强，同时也是一项"信息系统工程"项目。标准规范是档案信息化建设的重要基础，上级机关对发展规划、电子文档、管理软件、信息系统、数字化馆（室）建设等都有标准和规范，计算机软件和网络技术又有自身的国际标准、国家标准或档案信息技术行业标准。但是通过调研发现，有的兼顾档案管理和信息技术的人才缺乏对档案信息化标准规范的理解与掌握，从而造成了对工作成果考核不够精确的情况。

（三）规划设计系统性不强，管理手段不严谨

档案管理人员对信息化建设缺乏实践经验，而信息工程人员又缺乏档案管理实践和对档案信息化标准的掌握，一些海量分布式数据库存储和组织技术、数字档案信息利用中的隐私和知识产权保护等问题还需实践，容易出现规划设计系统性不强和工程管理手段不够严谨等问题。档案信息的生成和管理时空跨度较大较易造成管理系统的不确定性；各个职能部门之间数据共享壁垒易造成电子档案的采集、归档和其真实、完整不足等问题，给系统性规划设计增加了难度。

（四）观念和资金投入滞后，基础设施建设不平衡

信息化已渗透到日常工作的每个环节，但有的档案部门往往忽视了档案信息化建设和业务工作、电子政务几者之间的平衡关系，忽视了档案信息化的服务对象已从内部到外部、从领导层到基层迅速扩展。观念滞后造成了软硬件基础设施包括资金投入滞后，信息资源建设投入很少等情况，造成了"重"设备硬件、"轻"软件管理和"重"基础设施、"轻"信息资源建设的情况，仍然存在着"建而不用"的形象工程。

（五）人才专业素质不全面，队伍建设滞后

档案信息化建设人才，既要懂得传统的档案业务，又要懂得档案信息化建设的法规、规范、标准，还要懂得电子文件管理方法指导、信息资源加工与存储、电子档案数据库及系统平台管理和维护、数字档案馆运营与管理等知识与技能。从目前的实际情况来看，无论是信息化技术还是档案管理人员

的综合专业素质,均不能完全地符合现代化档案管理提出的"档案基础业务+电子档案管理+信息化技术"复合型人才的需求,正是由于人才的严重缺乏,制约了信息化建设的质量和进程。

档案信息网络化是档案管理工作发展的必然趋势,是实现档案管理信息化的必由之路。新时期,我们应抓住机遇,采取有力的措施,努力加强档案信息网络化建设,争取早日实现档案信息网络一体化。

总之,档案工作是一个始终在不停地变化着的动态发展过程,不可能永远停滞在一个完全固定的基点上。档案工作现代化也是一个不间断的动态发展过程。档案信息化建设是社会发展的必然趋势,是21世纪档案事业发展的重要方向,是档案工作向现代化迈进的坚实基础。然而,档案信息化也是一个艰苦的、长期的过程,是一个庞大而复杂的系统工程,绝非轻而易举。回首过去,展望未来,我们必须不断地学习和吸收新技术,切实把档案信息化建设落在实处,使档案现代化事业不断迈上新的台阶,更好地为国民经济和社会发展做出贡献。

第二节 信息化档案管理系统的技术应用

随着信息化时代的到来,传统的文件管理模式已然无法充分发挥文件信息的价值,因此,创新档案管理方法,提高档案管理效率势在必行。应用信息技术对档案信息进行处理,提升档案管理质量,从而促进档案产业的发展。

为了满足现阶段信息化时代工作的需要,进行档案管理系统的健全是必要的,这需要针对现阶段档案管理过程中的困难进行分析,认真做好档案管理的技术应用工作。在当下时代发展的过程中,档案是工作的记录仪,也是社会信息数据的储存库。通过对档案管理计算机流程的优化,更有利于提升档案管理的效益。这就需要引起相关档案工作者的重视,开展档案管理现代化工作模式,确保档案管理的规范化工作。

一、多媒体技术的应用

多媒体技术就是利用计算机综合处理图、文、声、像等信息的技术,提供了人性化、交互式的服务,利于对档案信息资源的开发利用。具体内容如下。

(一) 实现全文检索，提高了查询准确率

众所周知，传统的数据检索是基于关键词的检索方式，纸质档案数字化转换后，采用文本形式存储并建立档案全文信息数据库，查找方便、准确、全面。

随着新型技术的发展，档案资源的载体也日益多样化，除了一些传统的应用载体，如纸质、图片等，还出现了光盘、磁盘等新型载体。通过对档案载体形式的开拓，更加实现了档案馆藏多元化的开展，标志着传统的档案管理模式发生了改变，实现了新型的检索模式的应用，实现了档案管理设备的现代化的发展。

通过优化档案管理信息的方案，保证现阶段计算机检索工作的开展，其检索的速度非常快，并且其应用范围广泛，从而有效地解决了纸质档案的库容压力问题，解决了档案管理过程中的诸多矛盾。通过对缩微技术、数码技术等的应用，保证了档案管理中的照片、图片等的技术处理，保证其原始面貌的还原，有利于影响保存及其复制环节的良好开展，有利于照片案卷的良好查阅，这是现阶段档案管理的重要应用趋势，实现了图文并茂性、声色俱全性，实现了档案管理效益的提升，实现了现代化工作的需要。

(二) 利于对音像、影像档案信息的检索

过去查找音像档案资料需借助辅助设备，获取信息十分烦琐。多媒体技术的应用，使用户在计算机上可以收听和观看音频、视频资料，进行基于内容的媒体信息检索，解决了长期困扰音像档案管理的难题。

通过对数码影像技术的应用，实现对影像的高清晰化的处理，保证计算机识别环节、存储环节、管理环节等的协调。

(三) 利于对档案信息的编研和出版发行

利用多媒体技术进行一个专题的编研，短时间内就可以完成图文并茂的档案资料整理，而且可利用网络、光盘、移动硬盘、U盘等工具快速发行，工作效率显著提高。

(四) 提高了档案利用率

公众对档案信息的认知和需求与日俱增，多媒体技术实现了档案信息资源共享，用户不再受时间和空间限制就能很便捷地查询，极大地提高了档案的利用率。目前，多媒体的运用改变了旧有的工作方式，使传统的档案信息管理手段发生了根本性变化。

二、信息存储技术的应用

现代信息存储技术包括磁储存技术、缩微技术与光盘技术，这些技术不仅使信息存储高密度化，而且把信息存储与快速检索结合起来，已成为档案信息化管理的基础。磁存储具有频带宽广（可存储从直流到2兆赫以上的信号）且信息能长久存储在磁带中等优点。磁存储技术为建立档案管理系统或中小文献信息机构建立较大的数据库提供了物质基础，为建立分布式微机信息网络创造了条件。

为了提升档案管理的效益，进行微缩化、数字化模式等技术应用是必要的，这也涉及数码影像技术、缩微摄影技术等的应用。

缩微存储是采用缩微摄影机将档案文件资料缩小拍摄在胶片上予以保存的技术，其具有信息存储量大、存储密度高、体积小、重量轻、价格便宜、成本低、保存期长、忠实于原件不易出差错等优点。利用缩微技术储存信息，可以将非统一规格的原始文件规范化、标准化，便于计算机检索。通过对缩微摄影技术的应用，可以更好地进行大量纸质文件的转换。

光盘是用激光束在光记录介质上写入与读出信息的高密度数据存储载体。光盘存储的主要特点有：一是记录密度高、容量大；二是应用范围广，光盘将声、图、文、像融为一体，是全新的多媒体交互式信息载体；三是存取速度快，在档案管理工作中，可以利用光盘技术建立多功能、多形式的数据库，并有利于促进联机检索的发展，可以建立分布式的原文提供系统，节省通信费用，具有较好的经济效益。

三、电子文件在档案信息化中的应用

由于国家信息化的整体推进，信息技术已在各行各业得到普遍应用，各组织机构、企事业单位的文件档案工作环境正由纸张环境向电子环境迁移，许多领域正逐步实现业务活动电子化、无纸化。电子文件的应用范围不断扩展，种类日益丰富，其信息类型包括文字处理、数据库、图形图像、音视频等多种文件类型，也存在电子邮件、GIS、CAD、CAE、数据库、网页、博客、即时通信等多种形式，其应用已经渗透到政治、经济、文化、科研、生产和社会生活之中。中国科协年度重点课题"我国电子文件管理机制研究"针对49家中央机关及直属企事业单位的调查表明,中央机关及直属企事业单位电子文件的数量已占全部文件数量的72.7%;49%的受访单位生成的电子文件数量占文件总数的50%以上;14.3%的受访单位生成的文件100%为电子文件;48%的受访单位认为未来5年将会有50%以上的文件以电子文件的形式存在。随着2005年颁布的《中华人民共和国电子签名法》的正式实施,电子文件的地位和作用发生了明显变化,越来越多的机构开始逐步采用电子文件单轨运行。可以预见,电子文件应用的广度和深度将空前加强。

2009年,中央办公厅、国务院办公厅联合印发《电子文件管理暂行办法》,指出文件管理要遵循信息化条件下电子文件的形成和利用规律,坚持统一管理、全程管理、规范标准、便于利用、安全保密等基本原则,规定了电子文件在形成、办理归档等过程中的条件和要求。这是国家正式颁布关于电子文件的管理办法,意义重大。2010年成立了由中央办公厅牵头、国家档案局等相关部门为成员单位的国家电子文件管理部际联席会议办公室,这标志着我国电子文件管理的国家战略开始启动。

2010年,国家档案局在全面分析我国电子文件系统建设现状的基础上,开展了"国家电子文件支撑平台系统"建设项目,旨在通过认真总结我国十多年电子政务建设正反两方面经验与教训、民族软件企业发展模式的利弊和认真梳理、分析党政机关、企事业单位对电子文件管理系统共性业务与技术需求,实现对电子文件管理系统标准体系的研究和编写,最终形成符合我国国情的、具有自主创新性与示范意义的、能够被社会所认可的、可以公开标准的并可持续发展的国家电子文件支撑平台系统,初步实现我国对电子文件系统按统一标准规划、设计、建设、应用与管理,推动我国电子政务的标准化、国产化进程。

近年来,国家各部门和各级政府纷纷颁布相关法律法规规范电子文件管理。如2016年12月21日,国家安全监管总局颁布了《安全生产监管监察部门音像电子文件归档管理规定》,加强了各级安全生产监督管理部门、煤矿安全监察机构(以下统称安全生产监管监察部门)音像电子文件的归档管理。2017年1月6日,浙江省人民政府办公厅发布了《浙江政务服务网电子文件管理暂行办法》,规范了浙江政务服务网电子文件管理工作。

四、云计算技术在档案信息化中的应用

云计算是当前信息技术领域的热门话题之一,正受到社会各界的高度关注,并将使档案信息化面临一系列新的机遇和挑战。

(一)云计算的概念

云计算是一种基于互联网的计算方式,这种方式利用分布式计算和虚拟资源管理等技术,通过网络统一组织和灵活调用,将分散的信息资源集中起来形成共享的资源池,并以动态按需和可度量的方式,向使用各种形式终端的用户提供服务。在云计算环境中,应用软件直接安装到了"云"端的服务器中,而不是用户终端上,用户仅需要通过 Web 浏览器登录到"云"端的管理平台就可以使用软件并得到所需服务。"云"是对计算服务模式和技术实现的形象比喻。"云"由大量基础单元——云元组成,各个云元之间由网络连接,汇聚成为庞大的资源池。

按照云计算服务提供的资源所在的层次不同,可以分为 IaaS(基础设施即服务)、PaaS(平台即服务)和 SaaS(软件即服务)三种服务方式;根据服务对象的不同,可以分为面向机构内部提供服务的私有云、面向公众使用的公有云及二者相结合的混合云等。

(二)云计算对档案信息化的保障

目前,档案信息化面临着资源整合难、数据集中难、系统运维难、资金投入难、人才引进难等诸多难题,云计算技术的出现将为档案部门走出困境提供新的思路。

1. 档案信息化基础设施保障

由于经济水平的差异,不同地区对档案信息化建设的投入也存在较大差别。经费紧张的地区难以满足基础设施建设的需求;而经济发达地区的基础设施资源则存在闲置的现象。为此,档案部门可以采用云计算的"基础设施即服务"方式,整合档案行业的服务器、存储器等设备,通过"云"平台,向各级档案部门提供基础设施服务,不仅可以避免设施建设重复投入的浪费,也可以减少技术力量较弱档案部门的系统运维开支。

当前,国家档案局正在开展"中国档案云"项目,联合中央档案馆、中国第一历史档案馆、中国第二历史档案馆在内的全国 50 家副省级以上地

方、单位的档案馆，尝试构建包含国家级档案云、省级区域档案云和市（县）级区域档案云的档案行业。

2. 档案信息化业务平台保障

档案管理应用系统的研发和运维需要档案部门投入大量资金和人力，就算这样尚且也难以确保应用系统的质量。采用"平台即服务"模式，各级档案部门可以集中使用资金和优秀的人才，研制和推广通用的档案管理软件，既可避免软件重复研制的资金投入，又可通过通用软件的推广，改变过去因重复建设造成的数据异构、平台异构、流程异构，档案信息资源难以互联共享的弊端。

3. 档案信息化高效利用保障

如何通过档案的社会化服务，增强档案社会利用价值，提高社会的档案意识，是新时期加强和改进档案工作的重要课题。

依托部署在"云端"的档案资源管理体系，公众可以便捷地获得数字档案资源，并开展不同专题的档案编研；也可以将家庭档案和个人收藏制作成精美的网络展览推入"云端"进行共享；还可以利用"云端"提供的"一站式"检索功能获得跨专业跨地区的档案信息。

在国家档案局开展的"中国档案云"项目中，已建设了以云计算技术为依托，覆盖全国各级综合档案馆，为社会提供统一查询利用开放档案信息的专业化平台，该门户网站被命名为"中国记忆"。

五、大数据技术在档案信息化中的应用

（一）大数据关键技术

从数据在信息系统中的生命周期来看，大数据从数据源到分析挖掘再到最终获得价值一般需要经过数据准备、数据存储与管理、计算处理、数据分析和知识展现等几个环节。对于数据准备环节和知识展现环节来说，大数据所带来的变化只体现在量上，而对于数据存储与管理、计算处理、数据分析3个环节则有较大影响，需要重构技术架构和算法，而这也将成为当前和未来一段时间内大数据技术创新的焦点。

1. 数据准备环节

大数据数量庞大、格式多样，质量也良莠不齐，因此在数据准备环节必须对其进行格式的规范化处理，为后续的存储与管理定基础。此外，要在尽

可能保留原有语义的情况下去粗取精，消除数据噪声。

2. 数据存储与管理环节

据《工信部电信研究院大数据白皮书（2014年）》显示：当前全球数据量正以每年超过50%的速度不断增长，数据的海量化和快增长特征是大数据对存储技术提出的首要挑战。例如，谷歌文件系统（GFS）和Hadoop分布式文件系统HDFS采用的分布式架构，就弥补了传统存储系统的不足，同时还能够达到较高的并发访问能力。

大数据对存储技术提出的另一挑战是多种数据格式的适应能力。格式多样化是大数据的主要特征之一，因此大数据存储管理系统必须满足对各种非结构化数据进行高效管理的需求，非关系型数据库应运而生。未来，大数据的存储管理技术将进一步把关系型数据库的操作便捷性特点和非关系型数据库灵活性的特点结合起来，研发新的融合型存储管理技术。

3. 计算处理环节

大数据的计算是数据密集型计算，对计算单元和存储单元间的数据吞吐率要求极高，对性价比和扩展性的要求也非常高，分布式并行计算技术弥补了传统并行计算系统在速度、可扩展性和成本上的不足，适应大数据计算分析的新需求。

4. 数据分析环节

数据分析环节是大数据价值控制的关键。目前大数据分析主要有两条技术路线：其一是凭借先验知识人工建立数学模型分析数据；其二是通过建立人工智能系统，使用大量样本数据进行训练，让机器代替人工，获得从数据中提取知识的能力。人工智能和机器学习能够更好地适应当前的大数据环境，具有良好的发展前景。

5. 知识展现环节

在大数据服务于决策支持的场景下，以直观的方式将分析结果呈现给用户，是大数据分析的重要环节，如何让分析结果易于理解是主要挑战。但是在嵌入多业务的闭环大数据应用中，一般是由机器根据算法直接应用分析结果而无须人工干预，这种场景下知识展现环节不是必需的。

（二）大数据对信息化的保障

随着全球大数据发展驶入快车道时代的来临，大数据已走在创新和生产力提升的前沿，对数据资源的开发利用已成为决定国家竞争力的重要因素。

作为档案部门,其建设工作与世界接轨的完美体现就在于档案信息化的建设。

综上所述,大数据、信息化、数字化这些新时代的新词汇,对传统的档案工作模式和理念带来了挑战。但是信息化时代,机遇与挑战并存,这场数字风暴也带来了一场革命性的变化,大大提升了档案工作效率。

1. 档案数据高效存储保障

目前,据统计国内的馆藏数字档案量已经从 TB 级别跃升至 PB 级别,仅以"十一五"末我国馆藏档案总量的统计看,已近 4 亿卷,每卷平均约 3 厘米厚。与此同时,科技进步衍生出的数据呈现出了分布式和异构性特点,需要归档的数字资源繁多,包含结构化、非结构化和半结构化数据。非结构化数据,如文本、图片、各类表格、图像和音视频等,半结构化数据,如 E-mail 文档等,都不便于使用关系数据库二维逻辑表来表现。

传统关系型数据库已经无法满足对数量庞大、类型多样的档案资源的组织与管理需求,需要引入大数据管理系统对档案进行分布式存储、快速检索。大数据存储方法有很多种,如 Hadoop、NOSQL。其都具有一些共同的特点,即利用硬件的优势,使用可扩展的、并行的处理技术,采用非关系模型存储处理非结构化和半结构化的数据并对大数据运用高级分析和可视化技术。

2. 档案数据价值挖掘保障

在档案数字资源中,不同的档案数据包含的价值存在差异,有可能导致用户获取价值信息的难度增大。如何从这些资源中提炼、挖掘出有价值的档案信息,并以人们易于接受的方式传递给用户,是目前档案工作者必须解决的问题。大数据时代带来新的技术,为档案工作者提供了解决问题的新方式。档案工作者可以采用大数据技术,在海量档案数据中发现关联,从不同角度对其进行聚类和分类,以多维度、多层次的方式展现档案数据,将非结构化数据转换为结构化、半结构化数据,从而使用户更准确、更容易获得档案信息。必要时,还可以通过可视化技术,形成图形图像,直观地展示最终结果。从海量数据中分析潜在的知识决定着大数据时代档案工作的发展水平及方向,这也意味着在大数据时代,档案工作的重心将向档案资源的数据分析、数据挖掘方向转移。

3. 档案数据高效利用保障

大数据时代下的档案工作服务讲求时效性和便捷性,基于大数据技术可为实现网络信息服务的智能化、个性化、精品化提供支持工具。依托互联网技术，全方位地实现档案信息智能检索服务、档案信息决策服务及档案信息跟踪与推送服务。利用这些技术手段，彻底颠覆传统档案分类在档案管理中存在的诸多弊端，将档案事业推向又一个全新的发展高度。

六、条码技术的应用

条形码技术是实现计算机管理和电子数据交换不可少的前端采集技术，用激光数据采集器轻轻扫一下案卷的条码，数据就会自动被计算机识读和记录，再由计算机进行数据管理。其解决了档案管理中常遇到的保管期限之间、年代之间、档号顺序之间可能出现的摆放错误、缺档等各种问题，提高了档案室借阅和查库的质量和速度，减轻了劳动强度。

七、汉字识别技术的应用

汉字识别技术（OCR）是通过扫描仪或数码相机等光学输入设备获取纸张上的文字图片信息，利用相关软件分析文字形态特征，判断出汉字的标准编码，并按通用格式存储在文本文件中。OCR实现了文字的自动输入，是一种省力、快捷、高效的文字输入方法，一方面提供了一种新的档案目录数据的录入方式；另一方面把纸质档案上的固定信息变成可以被检索利用的"活"信息，为文本数据管理技术提供了丰富的数据源。在档案管理中OCR技术主要有以下几种应用方式：一是用户查询到所需要的纸质档案对相关内容进行扫描、识别，予以打印或直接提供文本拷贝，减少信息利用过程中的重复工作的同时方便用户，减轻档案人员负担，节省了建库所需的经费开支；二是输入档案目录；三是扫描、保存图像并提供利用，只针对指定的图像内容进行汉字识别，既可以提供原件，又提高了信息利用效率，并且不需要管理人员维护汉字识别后生成的文本数据；四是建立文本数据库，为全文检索提供数据的同时，节省存储空间和成本。此外，还有输入目录并保存图像、输入目录并建立文本数据库、保存图像并建立文本文件数据、输入目录、保存图像并建立文本数据库等应用。随着汉字识别技术水平的提高，可能还会产生新的应用方式，但无论使用哪一种方式，都必须综合考虑档案状况、人员配备、经费能力、办公自动化水平、档案现代化建设发展规划等多方面的因素，符合本单位档案管理工作的实际，切实提高档案信息资源开发利用能力。

八、自动化、多元化技术的应用

通过对计算机技术的发展，更加实现了未来语音识别技术快速开展之愿望，实现了信息化档案管理系统技术的自动化、智能化模式的开展，实现了文档一体化、档案计算机化的工作目标，能够进行档案信息的自动接收，并且按照相关的程序，进行有效的分类归档。既保证了档案管理的自动化、智能化等环节的协调，避免了传统的手工整理模式的弊端，同时也保证了新型档案管理系统技术的应用，将大多数的档案工作者从脑力及其体力劳动中解脱出来，更有利于进行档案信息服务社会功能的发挥，实现了档案自身价值的展现，保证了现阶段档案管理工作的开展。

总之，现代信息技术的飞速发展，为档案管理工作提供了新的历史机遇。信息技术的应用，从总体上提升了资源利用率，降低了档案材料查询的时间，提升了档案管理的工作效率。因此，我们应当高度重视档案管理信息化工作，采取强有力的措施来实现档案信息化的落实，服务人民，服务社会。

第三节 基于大数据的档案管理变革和影响

当今社会，人们的生活和工作方式都发生了质的改变，这使得档案部门面临着大数据背景下的数字化管理、信息化管理等严峻的挑战。在大数据时代不断发展的前提下，将档案管理模式向大数据化管理发展，是当前的必然趋势。如何加大档案数据化管理建设的力度，促进档案事业的良好发展，是当前相关档案管理人员值得深思的课题。

档案管理工作是基于现有城市经济建设环境中，针对工程数据和个人档案保管需求所提供的保护体系。在实际工作环境中，既需要针对档案资料进行全方位的保管工作，同时也肩负着多方面资料收集的职责，这样才能够确保后续城市经济建设具备参照条件，并能有效地贯彻自身可持续发展的环境优势。档案管理人员应该依据传统档案管理方式的特性展开分析，利用现有大数据时代下的档案管理方式变革带来的优势，采取有效的应对举措，加速推进档案信息化建设的步伐。

一、大数据时代下档案管理的变革

(一) 大数据概念探析

大数据的起源可以追溯到2000年前后,互联网网页以每日约700万个的速度爆发式增长。到2000年底,全球网页数达40亿个之多,用户在互联网上检索准确的信息也变得愈发困难。谷歌公司为提高用户使用互联网的效率,率先建立了覆盖数十亿网页的数据库,成了大数据应用的起点。而大数据技术的源头,则是谷歌公司提出的一套以分布式为特征的全新技术体系。

大数据从出现至今,一直都是社会关注的焦点,但至今仍无公认的定义。对于大数据,可以从资源、技术、应用3个层次理解:大数据是具有体重大、结构多样时效强等特征的数据;处理大数据需采用新型计算架构和智能算法等新技术;大数据的应用强调以新的理念应用于辅助决策、发现新的知识,更强调在线闭环的业务流程优化。大数据不仅"大",而且"新",是新资源、新工具和新应用的综合体。

(二) 大数据时代下档案管理工作的变革内容

1. 转变传统档案管理思路

现有的档案管理工作仍旧停留在传统的思路环境,在实际工作开展中,不但严重影响了现有工作的质量和效率,更在此基础上耽误了后续体系发展,为整体档案环境带来了极大的经济成本影响。基于现有档案管理办法的缺失,在大数据时代下的档案管理首先要能够将档案信息的获取范围有效扩大,促使传统档案管理模式不再单纯停留在个人档案材料的保存条件,更能够确保多方面的档案环境与网络信息技术相互关联,从而满足多元化资料有效存储的先进优势。其次,在服务观念方面能够提供档案信息管理平台,确保了现有档案体系工作效率的有效提升,更能够避免传统档案管理工作中的数据提取错误,从而体现档案管理工作积极服务的宗旨。

2. 转变传统管理模式,加强档案管理水平内容

完善的信息化技术是确保档案管理工作满足可持续技术发展的前提,同时更能够确保档案管理人员自身技术条件体系的有效塑造,以便整体档案管理工作满足效率和全面的需求,同时为后续经济发展环境提供扎实基础。同时,完善的信息化技术针对档案管理制度能够起到一定的促进作用,通过转

变传统的档案管理模式，不断地完善档案管理概念和数据化条件，不但能够确保管理人员自身管理压力的有效降低，更确保了整体数据管理条件的成本降低，为职能发展带来了经济性发展前提，具体体现在：

首先，数据存储转型优势。传统纸质档案存储条件，既需要相应保管技术和空间具备稳定性的前提，更需要维护成本的不断贯彻，才能够确保整体档案资料体系满足社会环境需求。基于大数据时代下的档案管理系统特性，数据类型的档案信息能够通过有效的存储模式转型确保成本的有效掌控，同时也能够摆脱传统档案的空间限制，通过数据信息化传导条件提升了存储容量，为数据多元化条件打下了良好基础，也降低了传统材料保护工作的难度。

其次，存储数据安全保障。科技的进步给人们带来了便利的同时也带来了很多的难题，加大了存储的容量，却也增加了信息资源的丢失率，经常有信息泄露的情况发生，让人们产生了极大的困扰。还有就是计算机也不是万能的，其也会死机，出现一系列的故障，这时计算机中存储的数据就可能存在着丢失的风险，这样的情况在生活中是经常能够见到的。设备上有些丢失的资源还能进行弥补，可以进行备份，而资料在存储的过程中需要整理与查阅，这一过程也极有可能发生泄露，即使再小心也是不能避免的，这些细节都可能被人利用。

最后，数据查阅优势。数据资源的查阅需要在计算机上进行，要求计算机的检索功能集全，本身的配置要好，信息的处理能力要强，还有及时的更新，使查阅的人能及时获得他们想要的信息。现在的电脑反应能力还达不到这个要求，存在等待时间过长、效率低下的问题，搜索引擎的完善是必然的。

（三）档案管理方式的变革对策

1. 确立严谨的目标与标准

档案管理在运用大数据时必须要弄清楚到底想从大数据中得到什么，否则就要花费大量的时间来分析数据。档案资源太丰富，如果没有明确的目标，就算没有走入迷途至少也会觉得非常迷茫。因此，首先要定义使用大数据的目标和标准，之后再使用能够解决特定问题的大数据工具。

2. 制定完善的管理制度

每一个国家的建设都离不开制度的约束，有科学合理的制度才能使这个社会稳健运行。同样地，档案管理也离不开制度的约束。因此，变革的第一要务就是要建立综合大数据时代下档案管理的制度，规范管理中的操作行为，让工作中的每个环节都能有条不紊地进行，从数据的采集、整理、上传到计算机中每个环节都要严格按制度进行，做到有章可循有法可依，让社会的档案管理更加的科学化、合理化。

3. 管理多元化发展

在大数据时代背景下，信息资源复杂，分类困难，档案之间的流通存在困难，环节过多，无法快速地进行资源的传输，还可能使资源缺失。因此要用计算机把档案进行整合，这样档案信息在电脑上操作就可以完整地进行，只要进行搜索就可以得到我们想要的信息，形成一个完整的信息库。既减少了流程，又节约了时间成本，让各个机构的配合更加默契，形成一种习惯，达到资源共享、促进我国档案事业整体发展的目的。

4. 服务意识的提升

前文中我们已经提到大数据时代对科技有很高的要求，因为现今档案的管理已经步入智能化和信息化，因此管理人员及开发人员的技术水平都要有所提升，不断地学习，相关部门要时常组织进修，提升工作人员的整体素质。只有不断学习，掌握现代先进的信息技术和数据分析技术提升专业素养，在为客户服务时才能更好地为客户解答疑问，让客户因为我们的服务心情愉悦。让客户满意是我们的追求，有了这样的信念，才能更好地满足客户需求，为档案事业的发展贡献自己的一分力量。

网络信息化技术的贯彻确保了现有档案信息化建设环境的先进性，更满足了传统档案管理工作的有效转型需求。在实际工作开展期间，确保档案管理工作与信息化技术有效融合还需要全面分析才能够真正构建完全，其中既需要针对传统纸质档案进行全面的信息导入，同时还应当确保数据档案管理方面的先进性，这样才能够让现有社会环境对信息化档案技术放心，并为后续数据信息交换环境打下良好基础，以确保整体大数据时代的渗透。

二、大数据时代下对档案管理的影响

随着大数据时代的到来，档案管理工作也在发生着变化，相关的信息化体系建设的进程也在加快，很多用户的需求也在不断地提升。首先，大数据时代，档案馆的一个最大特征就是其信息资源的总量变得非常庞大且呈现出持续增长的趋势，这些资源数据正在逐步发展成为一个巨大的数据资源库。

其次，伴随着大数据时代的到来，档案管理的数据还呈现除了种类多样、资源繁多等主要特征，档案数据的形式有的呈现出纸质形式，有的则是以音频或者视频的形式呈现，还有的则通过一些其他的媒介呈现出来。并且，档案馆的资源数据库的价值变得越来越大，其包含了很多的数据、资料信息、资源库等，对与社会的发展与进步意义重大。

（一）为档案管理工作带来的有利条件

1. 有助于原始档案文件的保存

传统的档案文件常常以纸质档案、照片、录音、录像档案的形式出现，岁月的沉淀和档案人员的更新换代，常常会因为某些主客观因素的出现，阻碍了档案的开发和利用。

2. 有助于加大档案的开发利用程度

随着大数据在档案管理工作中的有效应用，对传统档案实施有选择和有步骤的数字化，为档案网络信息的存储、检索和利用提供数据基础。通过大数据时代与档案管理的结合，使档案实体和档案信息实现了自动化管理，节省了大量的时间和人力资源，为开展档案的科研工作创造了有利的条件。

3. 有助于提高档案信息的一体化管理

信息化时代的来临，使得档案也不能再局限于某一区域的单一管理，而是通过大数据的应用向全方位管理迈进，实现从单一信息向综合性信息的方向拓展。大数据时代与信息管理部门既是电子文件的形成单位，以高校为例，其档案管理虽然属于基础服务类工作，为教学、科研、党政机关服务的，但是在学校整体工作中有着承前启后的重要作用。因此档案信息一体化，更有利于加强学校领导对档案信息的整体规划，统一部署。

4. 提有利于提高档案人员的工作效率和工作质量

大数据时代的应用，在很大程度上改变了这种消极的状况，档案信息的一体化管理在社会各行业内实现了信息资源的共享，使档案信息进入流动中状态，很好地发挥了其决策、宣传、查询、保密的功能。大数据时代的应用，把档案人员从单调重复的劳动中解放出来，进而可以全身心地投入到档案科研事业中去，在研究档案内容的基础上，编写和汇编档案文件、参考资料、参与修志编史，撰写论文著作，从而提高了档案工作的质量。

（二）大数据下档案管理信息化存在的问题

1. 对档案信息中数据的要求程度低

传统的信息管理方式不同于现在，对档案信息的管理程度不高，人们对信息中的数据的要求也不严格，随着数据采集技术的提高，人们可以掌握的数据通过全局性的宏观数据，逐渐到中观层面的数据，最后到微观层面上来，在这一过程中，个体的数据得到关注，获取的信息价值也更高。随着大数据时代的来临，档案事业面临着众多的挑战，同时也带来了很多发展的机遇，人们可以在众多领域探索并获取自己想要的数据，深入到不同层次，获得具体且全面的数据，这对于人类来说在以前是不可想象的，不仅仅是具体的数据，完整的数据和系统数据也都可以获得，改善了以前未能得到具体数据的状况，获取的系统数据也更加符合个体的发展状况，符合个体的感知，这对于宏观数据来说是无法实现的事情，极大地提高了所获得的数据的价值。

2. 缺乏专门的档案信息知识库

大数据的发展对档案的信息化管理产生了重要的影响，使档案的管理水平和管理模式都实现了质的飞跃，档案资料的获取也更加的便捷，提高了信息管理的效率。档案管理者不仅要学会主动搜集信息，还要注重信息的整理与总结，实现档案管理的快速发展。

第四节 信息化时代档案管理的方法和策略

现阶段已经进入信息化时代，档案管理事业也迎来了新的挑战。为了满足信息化时代提出的新要求，档案管理工作必须与先进的信息技术充分融合，对管理方式、管理流程和管理策略进行深入研究，以推动档案事业朝着产业化方向发展。

一、信息化时代档案管理的创新内容

信息化是当今世界和社会发展的大趋势，档案部门只有克服困难，迎头赶上，才能适应社会和时代的发展需要。为适应信息化的管理方法如下：

第三章　信息化时代档案管理的发展与创新

（一）管理方式的创新

随着计算机和信息技术的不断普及，电子文件、数字档案已经替换了传统档案文件，这是现代信息化社会时代发展的必然趋势。档案信息管理是将档案中包含的数据信息借助信息技术将原本的"死档案"转化为活信息，便于社会的使用需求。为了实现这一目标，就必须对档案管理方式进行创新，以档案信息资源数字化为方向，建立电子档案管理中心。

（二）服务理念的创新

传统的档案管理工作主要围绕于管理，与服务性工作的关联并不多。然而进入信息化时代，可以瞬时实现各类信息的共享、传递，人们对档案信息便捷的渴求欲望得到了很大程度的刺激，为与时俱进，这就要求档案管理事业必须以自身为基础，转变传统管理工作的性质，将其转化为服务性事业。借助信息技术提供给人们更加丰富的服务档案，并利用目标的个人信息和数据资料，以此确定服务档案的对象。现下，人们不仅对资料、信息提出了更多的要求，对获取信息的速度甚至提出了更高的要求。同时，该类信息资料的种类和数量也在不断增加。因此，档案管理事业就必须拓展这类服务，将管理服务的发展方向引向丰富化和社会化。

在管理过程中，档案管理人员不仅要不断提高自身和部门的创新能力，树立正确的服务意识，档案管理部门还必须以信息化时代提出的要求为目标进行人才队伍的创新建设，这对于档案管理人员而言，不仅要求他们有熟练掌握丰富的理论知识储备，同时还必须不断学习并熟练掌握信息化时代信息化管理手段，及时总结管理工作经验，并针对不足及时进行改善。通过以上方式提高档案管理信息的服务性，最大程度的体现档案信息数据的价值。

（三）管理流程的创新

档案信息管理流程的创新，也就是明确分工档案管理人员的工作职责，使其工作流程更加精细、分工更加明显，利于管理人员将每个环节的工作都做好。为了确保工作流程的每个环节都能顺利完成，档案管理人员还应及时检查当天的工作情况，一旦发现问题必须及时处理、纠正。合理利用创新技术和手段精确指导整个管理过程，使其运作更加有效。将系统运转过程中出现的部分问题、工作与设计间的缺陷处理好，为整个管理系统的正常运作提供保障。在信息管理系统将整体运营管理创新明确后,与实际现状相结合,以稳妥的创新思路为依据,将关键点和困难环节找准并分阶段有秩序地进行,每个阶段完成一个体系,使该体系运转更完善。

(四)服务模式的创新

现阶段的档案管理工作在实践中逐渐呈现现代化的管理模式,其整体的服务手段与模式的优化是提升档案服务工作的重要方式,对此在计算机与网络技术的高速发展过程中,要构建数字化档案馆,随着档案信息化建设的推进,充分应用现代科学技术手段,从根本上整体提升档案管理工作的质量,有效优化档案管理模式,在实践中通过各种计算机与网络技术的应用,对档案信息进行科学和统一的管理,在通过运用现代化的编研方式,更好地展现档案的内在价值,进而丰富其阅读模式。

同时,在实践中要提高对档案馆的信息网络建设工作的重视,在网络上构建完善的档案信息,通过网络信息的方式为档案利用者提供所需的有效信息,档案管理单位基于信息化的标准构建档案馆,可以通过各种有效的方式存储档案信息,此种方式在根本上提高了档案资源的整体利用率。

(五)管理思维的创新

信息化时代的发展对档案管理事业提出了新的要求,档案管理人员应该摒弃以往的传统思维,树立创新意识,积极主动地学习档案管理方面的新知识。例如,将档案管理系统与政府档案管理大数据相结合,不但能使其蕴含的数据信息数量增大,同时还能精确其查询方向,并且在政府收集人事信息时也能提供一定的帮助。创新思维是档案管理事业发展的原动力,也是管理人员无可回避的关键点,更是推动档案管理事业发展的重要方向。

总的来说,档案资源数字化是档案信息资源建设的一个重要方面,也是档案信息化建设的迫切性所在。随着档案管理水平的提升和信息技术的发展,档案信息化建设一定会日益完善、规范。档案管理信息化将是一个更新的理念和层次,数字档案馆将是重要的信息资源中心和管理系统,也将成为信息化时代发展与竞争的信息源泉和核心内容,未来的档案信息资源服务将更加方便、快捷、准确,在随时随地进行网络信息资源共享的基础上,为社会提供更高层次和更具价值的信息服务。

二、信息化时代档案管理的策略

当前随着经济条件和信息技术的迅速发展,各单位在档案管理方面与之前相比更为专业,许多单位积极地进行探索并取得了成就,但是在这一过程中有许多问题出现,对信息化的建设进程十分不利甚至阻碍其发展。针对此现象,积极制定相应的管理策略并实施,是十分必要的。①

(一) 树立科学的信息化管理理念,完善管理制度

档案管理机构的负责人员必须要充分认识到档案管理工作的重要性,要紧跟信息化时代的发展潮流,树立科学的管理理念。要充分认识到改革与创新传统档案管理工作的重要性,要认识到信息技术的关键性价值。在实际工作中,要充分发挥各种信息技术的作用,积极地学习与掌握技术的内涵,全面提升自身的信息技术应用能力,在此基础上才可以更好地推动档案管理的信息化建设。

此外,还需要不断地完善管理制度。电子档案在传输、管理及保存等过程中都存在众多隐患,并且这些隐患的发生具有一定的隐蔽性,很难被及时发现,因此,档案管理部门应该结合实际情况制定相应的制度,并督促管理人员对制度进行贯彻落实,进而对档案的整个生命周期进行有效管理。相关部门需要对档案管理制度进行统一,在档案利用过程中,只可以利用只读的形式对档案进行查阅,进而对档案破坏问题进行避免。

(二) 加强基础设施建设

为了加强档案管理信息化建设,首要工作就是实现传统资料的数字化,其中会关系到很多工作,如信息传递、档案收集与数字处理等。要获得有力的硬件与软件支持,营造出良好的网络环境,所以要加强硬件建设,要配备一系列完善的信息处理设备,其中包括路由器、计算机与扫描仪等,在此基础上营造出良好的硬件环境。同时,要加强软件建设,积极地构建科学、完善的信息化管理系统与管理平台,这样才能够更好地实现档案信息的网络化、数字化与智能化管理。

---

① 赵群. 解析档案信息化建设与档案管理的几点思考 [J]. 办公室业务, 2014 (12S): 150 - 151.

（三）建立健全的档案数字管理系统

大数据时代背景下，在改变以往的档案形式，将纸质档案改变成电子版及数字化档案的前提下，还要充分发挥档案学方法与基本原理的作用，对电子档案与数字化档案进行分门别类的管理与存储。在实际工作中，要结合具体的发展状况，充分发挥科技的作用，建立完善的档案数字管理系统，并且要将此系统与本单位的管理系统进行有机的融合，在此基础上有效、严格地管理各项档案资料，保证信息的准确性与完整性，及时、准确地传递与更新各种信息资料。同时，还要充分发挥云计算技术的作用，准确地分析与妥善地处理档案信息。而且，要实现横纵分析与动态管控的有机结合，要根据纵向时间线对档案信息资料进行比较分析。另外，也要实现对其他部门、其他行业展开横向的对比分析，保留具有价值的信息，除掉无用信息，在此基础上，全面提高数据资料的准确性与可靠性。

此外，还需要对档案管理程序进行优化。单位需要聘请专业人员结合自身所需对管理程序进行编制，并对编制质量及程序安全等进行有效保障。需要对杀毒软件进行合理选择，以免档案被病毒攻击。需要对档案管理的软硬件进行定期检查，做好系统的更新、维护等工作。最后，需要对纸质档案进行有效管理，虽然电子档案具有方便、快捷、灵活及高效等众多特点，但是也不能对纸质档案进行完全替代，因此在对电子档案进行管理时，也需要注重对纸质档案的管理。

（四）注重技术运用，制定完善的安全防护制度促进发展

所谓保障安全、促进发展原则，是指档案信息安全立法应充分考虑信息网络安全的问题，安全是信息网络健康发展的生命所在，没有安全，就没有信息网络的存在与健康发展。安全原则要求信息在网络传输、存储、交换等过程不被丢失泄露、窃听、拦截、改变等，要求网络和信息应保持可靠性、可用性、保密性、完整性、可控性和不可抵赖性。与传统安全一样，信息安全风险具有"不可逆"的特点，网络的开放性、虚拟性和技术性使得网络中的信息和信息系统极易受到攻击，信息安全是社会公众决定选择利用网络的重要因素。因此，信息网络立法应坚持安全原则。从国外立法的有关规定来看，无论是国际立法，还是各国国内立法，莫不以安全为信息网络立法的基本原则，从发现威胁、降低风险、控制风险的一切环节构建信息安全法律

保障能力，通过规定电子签名、电子认证、电子支付等具体制度来保证网络信息的安全。因此，保证信息网络安全是各国信息网络立法的重要使命和应当遵循的基本原则。

要想对档案的真实性及安全性等进行有效保障，就必须对各种安全技术进行灵活运用。第一，可以对加密技术进行有效运用。现阶段，应用比较广泛的技术包括对称加密技术及非对称加密技术两大类。其中，对称加密指的是加密秘钥与解密秘钥是一样的，而非对称加密则指的是加密秘钥与解密秘钥是不相同的，可以对加密秘钥进行公开，但是需要对解密秘钥进行保密，并将其交给相关人员进行掌管，这样就可以实现电子档案的加密保护，提高其真实性与安全性。第二，可以对签署技术进行运用。文件签署技术主要包括手写式和证书式两种数字签名技术，利用这种技术，能够对文件的真实性进行证明，并且他人也无法对内容进行随意改动。第三，可以对权限控制技术进行运用。档案管理人员可以通过该技术对用户的身份进行验证，以防无关人员对档案信息进行获取。另外，档案管理人员可以根据档案保密等级及用户身份等，对用户的访问权限进行有效控制。

大数据时代背景下，各档案保管单位都获得了档案信息化建设带来的许多便利，然而也会存在一些安全隐患。所以，需要制定完善的安全防护制度，要在档案信息化建设计划中加入系统安全保障的相关内容，要在技术、资金及管理方面制定完善的保障制度。在档案管理信息化建设过程中会用到许多的机械设备与人力资源，对此就必须要加强对于安全风险的管控，加强档案的保密工作。在运用档案数字管理系统以前，要采取科学有效的方法对应用范围进行严格管理，其中包括客户的权限控制及信息库的备份，要利用入侵检测与数据加密等诸多方法，加强对内部网络问题的妥善处理，在此基础上才可以有效防范黑客的攻击，提升档案的安全性。

（五）制定健全的档案信息化管理规范

通过科学完善的管理规范可以有效地确保电子档案数据的安全性与可靠性，对此，可以从以下几个方面入手：

一是实现电子档案格式保存系统及传递方式的有机统一。举例来说，各部门在同时将电子档案发给某个部门时，假如在保存系统档案的格式与传递方式等方面存在着不一致的情况，那么就可能会导致收件部门出现重收与漏收等状况，于是会严重降低工作效率，影响到工作效果。因此，要制定统

一、完善的电子档案编码制度。

二是要对文件信息收发的记录单进行规范化的编制,针对各单位彼此间的来往,电子资料要详细、准确地记录,这样才可以更加方便地对某个电子邮件进行查找及应用,工作效率更高。

三是要制定统一的资料收发机制,并且规范收发流程。例如,一般状况下,在对电子资料进行发送时可能会无法分辨收件部门是否已经成功接收文件。因此,负责人就需要打电话与收件部门进行沟通与交流。

（六）加强档案人才队伍建设

为了高效地完成档案管理信息化建设工作,必须要建设一支优秀的档案管理人才队伍,进而把大量的复杂档案逐渐转变成信息资源,将更加优质的服务提供给广大的档案用户。传统的档案管理工作或是利用信息技术开展档案管理工作时都是转化知识资源的重要过程,其中会涉及许多计算机技术,另外,还有许多与信息密切关联的工作。因此,就要求档案管理人才必须要具有丰富的工作经验与较强的业务能力、实践能力。所以,各单位要加大培训力度,培养出优秀的综合型档案管理人才,从而有效地提高档案管理信息化建设水平。

在加强人员培训,组建人才队伍方面,可以从以下3方面入手：首先,可以利用社会招聘及校园招聘等方式对档案管理人才进行引进；其次,需要从档案管理法律法规、管理理论知识、管理技能、计算机技术、网络技术各种安全技术等方面对档案管理人员进行培训,增强他们的安全意识和档案管理意识,提高他们的业务能力和管理系统应用能力；最后,需要对考核制度及奖惩制度等进行完善,通过奖惩来规范管理人员的行为,调动他们工作的主动性与积极性,进而有效保障档案的完整性、真实性及安全性。[①]

（七）优化档案信息管理法律环境

目前,我国档案信息安全的保障主要依靠技术上的不断升级,实践过程中大多是强调用户的自我保护,要求设立复杂密码和防火墙。但是,网络安全作为一个综合性课题,涉及面广,包含内容多,无论采用何种加密技术或其他方面的预防措施,都只能给实施网络犯罪增加一些困难,不能彻底解决

---

① 曾浩权．档案信息化管理存在的问题及策略研究［J］．长江丛刊，2018（27）：138.

问题。由于时代和技术的局限，目前我国还没有一部网络环境下关于档案馆信息安全的法律法规，因此有必要制定这样一部法律，而且要注意信息安全法应具备的一般特点。

一是体系性。进入网络时代，人们获取知识的方式等发生了重大改变，也见识了网络病毒、黑客、网络犯罪等新事物。传统的法律体系变得越来越难以适应网络技术发展的需要，在保障信息网络安全方面也显得力不从心。因此，构建有效、相对自成一体、结构严谨、内在和谐统一的新的关于档案信息安全的法律法规就十分必要。

二是开放性。网络技术在不断发展，信息安全问题层出不穷，档案信息安全的法律法规应当全面体现和把握信息网络的基本特点及其法律问题，适应不断发展的信息网络技术问题和不断涌现的网络安全问题。

三是兼容性。网络环境虽然是一个虚拟的数字世界，但发生在网络环境中的事情只不过是现实社会和生活中的诸多问题在虚拟世界中的重新展开。因此，关于档案信息安全的法律法规不能脱离传统的法律原则和法律规范，大多数传统的基本法律原则和规范对信息网络安全仍然适用。同时，从维护法律体系的统一性、完整性和相对稳定性来看，安全法律也应当与传统的法律体系保持良好的兼容性。

四是可操作性。网络是一个数字化的社会，许多概念规则难以被常人准确把握。因此，安全法律应当对一些专业术语、难以确定的问题、容易引起争议的问题等做出解释，使其更具可操作性。

法律原则是立法活动的准绳，是立法精神的内在体现。档案信息安全立法活动必须在立法原则的指导下进行，才能把握信息安全发展的客观规律，更好地发挥法律调控功能。

随着信息化时代的到来，大量新事物、新管理模式逐渐显露，这对于档案管理单位来说不但有了一个新的展示服务能力的平台，同时也对档案管理工作提出了新的要求，给档案管理事业带来了新的挑战。而随着档案信息数据的不断增多，档案管理工作也变得颇为繁杂，传统的档案管理模式已经无法适应，而摒弃传统的管理模式并借助现代化技术进行管理，能够带动档案管理事业跟紧新时代脚步，使其得到更好的发展。因此，要充分发挥网络技术与电子技术的作用，加强档案管理工作的信息化建设，积极地建立网络数据库，进而更加科学、规范地管理各种档案信息资料，保证资料的安全性与有效性，充分发挥档案信息资料的应用价值。

第四章 档案信息化建设的战略与思考

信息化社会，网络改变了人类对信息资源的获取、传递、保管、存储、开发和利用的传统方式，成为信息资源生存的基本环境，成为国家、地区、组织和人与人之间交流的桥梁，更带来了自动化、流程化、规范化和高效率。面对这种改变，我们的唯一选择是顺应时代的进步，运用网络及现代信息技术，更新档案管理理念，重组业务流程，改变服务手段，进行管理创新，带动体制改革，提升管理水平，开发档案资源，为社会提供更优质、更有效的信息服务。这是进行档案信息化建设的基础，更是确定发展战略决策的前提，值得从业人员进行深度思考与总结。

第一节 档案信息化建设的发展原则

网络技术与档案管理的结合是时代发展的必然选择，以数字化、网络化为主旋律的档案信息化战略，已在全国范围内逐步推展。借助档案信息网络将分散各地的档案信息资源联结一体，提供网上数字化档案信息服务，实现全网范围的档案信息共享，将成为付诸实施的未来蓝图。

然而，档案信息化建设是一项全国性的系统工程，必须确立合理的建设方向，制定正确的发展原则，借鉴多年的研究成果和经验，档案信息化建设应当遵循以下原则。

一、总体规划原则

首先，树立"全国一盘棋"的思想，从全国信息化建设的总体思路出发，服从国务院信息化建设领导小组的统一部署，遵循各类信息的统一规范与建网标准，切忌自行其是，封闭发展，避免发生网络环境下的"档案信息孤岛"现象。

其次，坚持整体观念，将全国档案信息化建设视作一项整体工程，处理好局部与整体之间的有机联系，避免各馆室在档案信息网络建设过程中各自为政的分散局面，加强各级档案行政主管机关对全国或地方档案信息化建设的统一规划和宏观调控，杜绝重复性建设。

最后，注重全国档案信息化建设的计划性。"凡事预则立，不预则废"，在运筹、制定档案信息化建设规划时，必须处理好设定目标与实施过程之间的关系，处理好建设过程中各个阶段之间的承接关系。设定目标时，一方面立足现实，切合客观需要与实际能力；另一方面，起点要高，方向要准，在划分发展阶段和设定阶段目标时，坚持将远景规划放在首位，立足总体目标贯彻由总到分的系统思想与组织逻辑。

档案信息化建设涉及社会各级的档案保管单位，各级单位都必须根据国家的信息化战略与目标，以及现阶段信息化建设的进程情况来制定自身的发展战略与规划。因此，档案信息化的总体规划必须纳入每一个组织单位的信息化战略规划之中。[①] 档案信息化总体规划的制定必须围绕以下几方面展开：

（一）明确档案信息化在整个信息化战略中的作用和意义

档案信息是信息化战略对信息资源进行开发利用的基本资源和原生信息源，档案信息化又是信息化时代更新档案管理理念和手段的必然趋势。

（二）确定档案信息化的基本目标

从档案管理的基本属性和档案的价值作用而言，分为收集保管和提供利用两个方面，利用计算机和网络技术管理档案必然能够提高工作效率和提升开发利用档案资源的能力，那么"文档一体化""传统馆藏数字化""信息利用网络化""档案开发知识化"和建立辅助决策管理系统就是档案信息化的基本内容和目标。

（三）研究和确定档案信息化的设备和保障条件

包括网络平台建设（档案管理局域网）、服务器及其备份设备、终端计算机（工作站）、扫描中心的数字化设备、数据库和相应的管理软件、技术保障条件和人力资源、工作场地和经费投入保障等，并且要按照工程建设模式确定实施措施、步骤和工作计划。

---

① 周林兴. 面向社会的档案信息资源规划研究［M］.北京：人民出版社，2019.

（四）建立档案信息化评价指标体系

包括信息技术应用的广度和深度、档案信息资源开发应用的前景、信息安全措施、信息化人才需求与开发、信息化的组织和控制及档案信息化的社会经济效益评价等。

档案信息化总体规划的制定必须做到更新观念、与时俱进，广泛调研、明确需求，立足现实、着眼未来，大胆创新、充分论证。

二、分步实施原则

档案信息化是一个长期而复杂的系统工程，一方面其需要依存于国家和单位信息化战略的实施，并作为其重要的组成部分；另一方面档案信息化总体规划本来就是立足现实、着眼未来，而绝不是一蹴而就的事业。因此，在现有成绩的基础上，档案信息化未来的建设也应该采取分步实施的原则。

档案信息化作为一个系统工程，其实施也将按照工程建设模式来进行。作为一项工程，其各项建设内容有着内在的逻辑关系，这也是分步实施原则的又一个重要依据。

（一）根据档案信息化总体规划拟订具体的分期实施方案

分期实施方案要充分考虑国家信息化战略实施进程、档案管理和发展需求、经费投入保障、技术支持能力、人力资源状况及工作环境等因素。在此基础上，按年度拟订出具体的工作计划、项目组织和控制措施。

（二）协调发展原则

1. 档案信息化建设必须与社会的信息需求相协调

作为档案职业生存发展依据的社会档案利用需求是档案信息化建设的策动力。档案信息化建设是社会对档案信息需求不断发展的结果。近年来，随着我国政治经济体制的改革和科技文化的快速发展，社会对档案信息的利用发生了新的变化，提出了更快、更全、更精的要求。目录中心的建立，是对更全要求的响应，但目录中心难以实现更快更准的目标。基于现代信息技术的档案信息网络、旨在以全新的计算机信息检索、传递方式，以虚拟的全网档案信息库来满足社会对档案信息利用快、全、精的要求。因此，与社会信息需求相协调，理应成为档案信息化建设的一条基本准则。设定档案信息化建设的目标、方案时，必须立足于社会的档案信息需求，关注这种需求的变化态势。例如，考虑到信息利用的综合化趋势，在设计局域网时，将档案信息与整个系统的信息服务功能合为一体。在建设全国档案信息网络时，通过链接、建立跨库检索的虚拟信息仓库等方式，实现图、情、档各类信息利用的一体化。

2. 档案信息网络建设必须与社会经济基础相协调

档案信息网络基础设施的构建、上网档案信息的数字化、档案数据库的维护、档案信息网软环境的建设等，每一方面都将投入巨额的财力与物力，耗费大量的人力时间。由于档案工作是一项靠国家财政投入的基础性、公益性事业（非国有机构的档案馆、室工作除外），因此必然受制于国家的经济基础。虽然建设档案信息网络具有极高的投入回报，但其回报具有公益性、滞后性和时间上的离散性，并且不完全表现为经济效益。所以，其不是一个新的经济增长点，不可能像有一些专家提出的可以通过招商引资来筹措建设资金，采取企业化方式来经营。国家在这项长线工程上的投入，必将纳入国民经济计划，纳入对财政状况的预算分析。因此，档案信息化建设的规划必须立足于国家和地方经济实力，与社会经济基础相协调。一方面，抓住机遇，顺应经济建设发展的形势和要求，充分利用一切可用资源，高起点、高标准地规划档案信息网络；另一方面，量力而行，将高起点的远景目标根据经济发展的可能性分化、细化，分步落实，切忌好高骛远，制定不合国情、不切实际的目标。

3. 档案信息化建设必须与信息技术发展相协调

以计算机技术、通信技术为主体的信息技术以超乎想象的速度飞速发展，神话般的摩尔定律至今仍在被现实所佐证。信息技术的革命，使其成为"变幻莫测"的图景，而其每一个变化都急剧地改变着建筑其上的信息化社会。档案信息化是档案信息管理与不断发展着的信息技术的结合，因此，其规划建设必须立足于信息技术的现状与发展，与信息技术的发展态势相协调。在设计档案信息网络的体系结构、选择网络的软硬环境、确定相关的技术标准时，一方面，尽可能采用已成熟的信息技术及其成果，确保其可行性与可靠性；另一方面，考虑信息技术的发展态势，使档案信息网络系统在技术上具有先进性、前瞻性和扩展性。例如，目前设计档案信息网络时，应采用多媒体技术，实现档案全文的光盘存储检索，使用与国际接轨的网络协议和网络技术标准，选择主流的关系数据库和数据结构，并考虑分布式数据仓库技术。

档案信息化建设还必须与全国信息化工程相协调。档案是原生信息，是信息家族的一员，社会信息需求的综合化趋势，加速了各类信息服务的一体化。面对急速发展的现代信息需求和信息技术，信息管理界与信息技术界在信息化大潮下走到一起，在统一规划下联合作战，协同工作，实现广泛意义上的资源共享。为加强统一领导，国务院专门成立了国家信息化工作领导小组，统一部署全国的信息化工作，组织协调跨部门、跨行业的重大信息化技术研究和信息化工程。档案信息化建设是全国信息化战略的一个有机组成部分，因此，必须与整个信息化工程协调发展。一方面，接受信息化工作领导小组的领导，在国家信息化方针政策的统一指导下按照国家和地方信息化建设的总体规划有序推进；另一方面，与其他信息业密切合作，"联合规划、共享资源、统一规范"，通过联合行动发挥整体优势。

（三）搭建系统运行平台

系统运行平台包括信息处理平台和信息交换平台两部分。档案管理信息系统应充分考虑到档案信息的特殊性和绝对安全性的需要，要做到与内部自动化办公网络相链接并采取授权管理，同时要与公众网络实施最有效的网络安全隔离设计方案。

一般而言，档案信息扫描和处理、归档信息交换、档案数据存储和备份（迁移）等只能在内部自动化办公网和档案管理局域网中运行，相应的档案信息处理和存储设备也必须是专用的，只有可以向社会公开的档案信息才能提取并通过与公众网络的链接实现社会化共享。系统软件的选择必须充分满足档案信息管理和管理系统的需要，如电子文件的逻辑归档、数据库（数据仓库）的建立、档案信息的目录查询和全文检索、多媒体信息支撑、安全管理和数据备份等。

（四）建立管理制度和业务标准

传统的档案管理制度已经不能适应档案信息化的需要，信息化对业务标准的需要也显得更加迫切。电子文件管理办法、元数据标准、逻辑归档的操作规范、安全管理体系等制度必须全面制定。业务标准是信息化建设、信息技术应用的重要基础和准则，其包括技术体系、工作体系、组织体系和工作规范等方面，一般根据国家、行业和地方的标准规范并结合本单位的发展需要来制定。

（五）队伍建设和业务培训

档案信息化对档案管理人员来说是新事物，为了确保技术应用和档案信息的知识化、社会化开发，必须打破传统的档案管理队伍建设模式，要更加注重人才复合型素质的要求，更加注重队伍的多学科知识结构和梯队结构的合理性建设。同时，档案信息化是档案管理现代化的必然，档案管理的专业化不能削弱，因此面对档案信息化挑战，必须加强专业队伍的信息化知识和技能的培训，更新知识结构，增强信息技术应用能力。

（六）积累档案数据资源

积累档案数据资源可以采用以下 3 种方式：将现行的电子文件通过逻辑归档方式收集和处理；将现行纸质文件通过扫描中心电子化；将传统馆藏档案进行全文数字化处理。按照档案分类原则建立数据库或数据仓库，为档案信息的共享和开发积累资源。同时，最大限度地进行各管理和业务部门所有现行档案系统数据的集成，进行软件和各专业管理系统的整合，建立起有效的数据集成系统。

（七）开放档案共享信息和开发辅助决策支持系统

档案信息化的根本目的一方面是深入、广泛地开发利用档案资源，最大限度地提高档案利用价值，为社会提供更多的信息资源，把开放的档案资源知识化、社会化；另一方面是有效提升档案管理的基础性作用和地位，充分发挥档案信息在管理活动中的辅助决策作用，积极为现实工作服务。因此，档案信息化的核心工作便是档案共享信息系统的建立和开放，辅助决策管理系统的开发和应用，档案信息知识化的编研和开发。档案信息的共享必须高度重视保密鉴定和授权管理，辅助决策管理系统必须注重科学体系的建立、数学模型的构架和确保信息的及时维护。

综上所述，分步实施要实行分阶段的综合建设策略，把硬件、软件、人力资源等同步建设，做好电子文档收集馆藏数字化的基础数据准备等工作，逐步实现系统资源共享、档案信息开发利用和知识化管理目标。

三、需求驱动原则

信息化是时代的发展趋势，而每个单位都有着行业发展需求和自身的现实条件，信息化战略的制定和实施必须遵循需求驱动的原则，因此档案信息化也必须充分考虑现实的需求，依据现实的条件和需求来制定规划，拟订实施方案。同时，要处理好现实需求与未来发展、建设能力与拓展空间、人力资源与现实信息技术水平之间的关系，遵循科学的发展观，实现可持续发展。

四、突出重点原则

档案信息化是一个庞大的系统工程，无论是系统平台的搭建、信息化设备的购置，还是档案资源的数据积累和集成、档案信息的开发利用，都无法一蹴而就和一次性完成，也不可能达到"全面"展开，而只能根据现实需要和条件确定重点，进行分阶段的重点建设，特别是在如何深入、广泛地开发和利用档案信息资源方面，更应该坚持突出重点的原则。总的来说，实现自动化网络办公的文档一体化和建立档案目录检索系统是档案信息化管理中的基本要求；馆藏档案资源的全文数字化、已开放档案的全文共享和建立辅助决策管理系统是档案信息化的高层次目标；未来建成数字档案馆和数字资源共享中心，实现档案管理的现代化是最终目的。

五、立足实际原则

加强档案信息化建设，要立足岗位实际，把握建设重点，确保建设质量的实效。

（一）坚持打牢基础，搞好基本建设

档案信息化建设包括基础设施、管理规范、数据库等方面的建设，在资金、技术、设备、人才等方面都有很高的要求。重点要突出建立数字化档案馆，将档案资源和档案各项管理通过信息系统加工和计算机网络的传输，实现档案信息的合理配置与开发利用，最大限度地实现信息资源的社会共享。其需要分阶段、分层次、分步骤地有序进行，是一项耗资巨大、复杂的系统工程。建设所需的各类硬件及网络设施、软件开发及进行数字化的投入，都需要高昂的费用。因此，在信息化实施过程中，作为档案馆在极其有限的财

力前提下，一定要审时度势，深入调查科学论证，努力保证软硬件配置、软件开发标准和网络结构等在各实施阶段的一致性，将有限的财力用在信息化建设的关键部位，保证软硬件资源的可继承性使其既能适应当前信息业的特点和要求，还能符合今后发展和应用的趋势，尽可能避免资源的浪费。

（二）坚持质量建设，在提高层次上下功夫

档案信息化建设不仅在量，更在于质。在档案信息化的建设中，不仅要对馆藏档案目录进行数字化处理，更应有选择性地对馆藏档案进行全文数字化，在信息服务的特色内容和独特形式上做文章。用自己的特色信息服务满足社会需求，使自己的信息具备"唯一性"从而让档案利用者面对庞大的信息体系，选择点击"你"的网址。根据档案利用者的需求，将馆藏信息、资源加工成系统的、专题的、有序的信息，有机地将其连接成一个整体，为档案利用者提供优质、高效的服务。

（三）坚持长远发展，加快培养人才步伐

由于电子档案信息内容的数字化，文档处理的一体化，电子档案保存的技术化，开发利用形式的多样化，使得电子档案的管理与纸质档案的管理有着截然不同的方法，这就对管理人员提出了更高的要求。只有把人才问题解决好了，才能使档案信息化建设符合正确方向，才能满足社会发展对档案工作的需求。

档案信息化建设是一项长期、全面而又具体的工作，信息化的实现不是档案馆某一部门的工作，也不是单靠几个计算机技术人员就能实现的，其需要所有档案人员的积极参与和配合，档案队伍素质对档案工作信息化建设的质量起着关键的作用。因此，档案队伍计算机技能的提高是目前档案部门素质教育的重中之重。信息化是当今世界和社会发展的大趋势，档案工作人员只有克服困难，迎头赶上，与其他行业同步发展，才能适应社会和时代发展的需要，更好地服务社会。

六、标准开放原则

（一）档案信息化建设必须坚持标准化

标准化是网络的生命，档案信息化建设目标的实现，必须建立在统一规

范、统一标准的基础之上。网络建设的目的是实现网上信息的共享,而共享是以标准为前提的,在开放式的网络体系中,缺乏标准化的任何信息或技术都会被拒之网外。档案信息化建设必须自始至终地强调标准的制定和推行,否则不仅无法实现信息联网、资源共享的目的,而且将造成巨大的资源浪费。

网络建设标准是一个庞大而复杂的标准体系,包括网络体系结构方面的标准、网上数据方面的标准及网上信息管理与服务方面的规范等。档案信息化建设的相关标准,不仅体系复杂,而且因为信息技术的急速发展而处于相对的变动之中。标准的专业性、变动性与相关标准的关联性,使得档案信息化建设的标准化成为一项重要而艰巨的任务。

(二) 档案信息化建设必须坚持开放性

档案信息网络的开放性以网上资源的共享性为目的,以网络建设的标准化为前提。通过确立相应的标准,实现符合标准的计算机系统的网络互连,达到网络资源共享的目的。开放性已成为现代信息网络的显著特点和基本要求。就技术而言,开放性要求更高于标准化要求,其不仅要求所有系统成分的标准化,而且要求档案信息网络系统在设计上符合以下条件:

其一,横向具有对各种通行技术标准的兼容性,包括尽可能兼容非主流现行标准;其二,纵向既为未来信息技术发展留下余地,又能兼容以往的标准规范;其三,在技术标准、体系结构、数据规格等方面尽可能与整个信息业界保持一致,以便各类信息系统的相互开放,实现信息一体化;其四,为不同技术方案的相同功能,设计规范统一的接口,通过标准的平台界面实现宽泛、灵活的接合。

(三) 档案信息化建设必须注重前瞻性

现代信息技术和社会信息需求都处在不断发展变化之中,因此,设计建设档案信息网络时,必须充分考虑这种需求与技术的变化,在立足现实的基础上把握未来发展。尤其是信息技术,其发展可谓日新月异,与之相关的技术标准也需随之逐步更新。因此必须坚持前瞻性原则,首先,高起点的制定和选择与档案网络建设相关的标准,为标准留出充分的提前量,使标准具有适应未来技术发展的弹性,避免标准频繁更新所带来的损失浪费;其次,选购具有先进技术水平的计算机系统和网络设备,以保证在相当长的时间内系统及设备不致落后于标准的要求；最后，在开发或选购各种网络应用软件时，尽可能采用先进成熟的技术模式以使其具有相当长时间的可用性。

第二节 档案信息化建设的规划宗旨和需求

档案信息化建设是一项长期的、复杂的、系统化的、多学科知识融合应用的综合工程，而启动这一系统化工程项目的前提是目标明确、规划科学、组织落实、投资到位，使组织中每个成员的思路和想法达成一致，保持同步。因此，立足全局、从档案管理和档案工作的实际需求出发，做好规划是档案信息化建设的第一步。

一、档案信息化建设的规划宗旨

制定档案信息化建设的规划宗旨是必须要坚持以实际需要为出发点，根据本单位的实际情况，分出信息化建设的轻重缓急。真正对改进工作方法、提高工作效率和服务水平有用的工作，将作为信息化所要考虑的首要环节加以设计和安排，实实在在地解决问题，满足实际需要。与此同时，还要做到"四个一致"。

（一）信息化建设与档案馆工作目标协同一致

即与档案馆其他工作相配套，将其纳入档案馆工作总体规划之中，无论是远景规划还是近期目标，都要在人员配备、工作安排、资金投入等方面为档案馆信息化建设留下充分的发展空间。

（二）信息化建设与档案信息的开发利用达成一致

开发利用档案信息是档案馆工作的最终目的，信息化建设也应以此为重点，在改善管理手段的同时，更应该为档案利用者建立方便快捷的档案利用途径，尽可能创造条件，保证档案利用者有更多的上机检索机会。

（三）信息化技术需求与专业技术人才培养、技术储备达成一致

档案信息化的实现不是档案馆自身或档案馆某一个部门的工作，也不是单靠技术部门和几个计算机专业技术人员就能完成的，其需要全体工作人员的积极参与和配合，将信息化建设融入单位信息化建设和档案管理的各项具

体工作之中。

（四）信息化建设与加强档案管理基础工作达成一致

实现管理信息化的一个重要条件就是管理对象的标准化、规范化，任何一个单位或部门要想实现这一目标，都必须首先对其管理对象进行规范化、标准化处理，使之符合信息化的技术要求。

二、档案信息化建设的规划需求

现阶段的档案行政体制改革、档案管理模式的变革、档案服务机制的创新已经对档案信息化建设提出了新的要求。

（一）满足电子文件归档的业务需求

随着计算机在人们管理、生产生活领域的广泛应用，利用计算机创建和处理文件成为必然趋势和普遍现象，大量电子文件的归档成为现实需求，目前，国家档案局第6号令已明确要求对电子文件进行归档；《电子签名法》规定了电子签名的法律效力；国家还将制定相应的法律明确电子文件的凭证和法律作用，电子文件将成为新的"历史的真实记忆"，这些都说明电子文件的归档成为档案管理和档案工作者新的工作内容、新的工作任务。

（二）满足馆藏档案数字化的业务需求

传统载体的档案以纸质档案为主，是实物存储的形式，其唯一性保证了档案的凭证作用，但由于不同时代纸质等档案载体质量不一、保管的条件不一、档案保护技术有限，特别是随着时间的推移和多次反复的利用，势必对馆藏档案造成损失，也必然对馆藏档案的利用产生局限。馆藏档案的数字化处理可以很好地解决有效保护实物档案与更充分地利用档案信息的问题。同时，对于那些在档案机构馆藏且无法应用传统保护技术实现永久保存的实物档案、介质档案及散存在民间损坏严重的历史档案，也只能应用现代信息技术进行处理，至少可以将其信息内容保存下来。未来的档案信息化建设也应逐步推进馆藏数字化的进程，为积累数字档案资源奠定基础。

（三）满足档案信息资源开发利用的需求

档案的真正价值在于对档案信息的利用，信息化社会对档案信息的依赖将显得更加明显，档案信息是信息化社会的核心资源，其广泛、深入地开发利用将对信息化社会的发展起到不可替代的作用，信息资源将改变产业结构和经济增长方式。应用计算机网络技术管理档案信息能够实现开发、共享档案信息和对档案信息进行知识化管理、社会化开放，档案的价值才会得到更充分的体现。

（四）满足档案工作现代化管理的需求

档案工作现代化的意义重大而深远，能够大大提高档案工作的效率和质量，促进档案信息资源的开发利用，推动我国档案事业迅速发展。实施档案工作现代化管理应从以下几点入手：

1. 社会发展的需求

当今世界已经进入到信息化社会，知识和信息越来越成为比实物资产和传统能源更为重要的资源，对生产力的发展、社会的进步所发挥的作用越来越大。为此，社会要求专门的信息部门能以较高的存储、处理和控制信息的能力，为社会提供高质量的信息服务。档案部门作为掌握信息资源的重要机构，必须采用各种先进技术和设备，实现档案工作现代化。

2. 经济发展的需求

档案这一宝贵的信息资源，在社会各行各业中具有特殊作用，是社会进一步发展的重要基础性资源。当今社会，人们对获取信息资源的基本要求是迅速、准确。计算机网络等现代技术在档案工作中的应用，将会大大提高档案部门处理信息的能力，从而能够高速、及时、准确、全面地向档案利用者提供服务。

3. 档案事业发展的需求

随着社会的发展，档案工作的科学文化性质越来越突出，社会服务效果对于档案工作的存在和发展也产生着越来越深刻的影响。如果档案事业长期处于落后状态，不能卓有成效地为社会服务，档案事业在未来信息业的竞争中将处于不利地位。更为重要的是，档案信息资源的开发将因此受到严重的不良影响。所以，只有以现代化的管理方式和管理手段来提高档案工作的效率和质量，档案事业在社会发展中才能获得应有的地位，发挥应有的作用，档案事业本身才有光明的发展前途。

4. 档案工作发展的需求

随着科学技术的不断发展和深化，档案工作也发生着翻天覆地的变化：

一是档案数量剧增；二是新型信息介质和记录方式的档案不断出现。同时，随着时间的流逝和档案的急剧增长，人为和自然因素的影响及保管条件欠缺和不当，档案损坏程度日益加剧。因此，档案工作现代化成为适应上述发展变化的必然，也是制定档案信息化建设规划的重要出发点。

三、档案信息化建设的规划内容

目前，我国档案信息化建设的主要任务，是在国家档案行政管理部门的统一规划下，在各级各类档案馆广泛推广、应用信息技术和网络技术，深入开发和广泛利用档案信息资源，加速实现我国档案管理现代化的进程。规划的第一步是正确定位档案信息化在档案事业中的地位，明确档案信息化的根本目的，正确认识信息化和档案业务之间的互动关系，而非主从关系；然后是以档案工作的基本业务需求为基础，从目标、范围、组织、资金、资源、系统、应用等角度进行全面的规划与设计。其建设规划项目主要包括目标规划、内容规划、组织规划、资源规划、安全规划、系统规划。

1. 目标规划

档案信息化的范围应遍及全国各档案保管机构，包括档案馆、机关档案室、文件中心及与档案收集、整理、积累等相关的档案形成部门。因此，任何档案管理机构都应围绕全国档案信息化建设的总体目标，根据本单位的收集、管理和利用的实际情况来制定信息化建设的近期目标和长远目标，以及发展过程的阶段性目标。

档案信息化的目标是以现代信息技术为手段，实现对档案管理和提供利用的现代化，不能把手段当目标，只注重网络和设备建设为信息化而信息化，而应用现代信息技术也不是简单地将过去的手工操作进行计算机程序化处理。档案信息的收集、保管是基础，其目的在于利用和开发，档案的价值体现也在于利用。因此，目标规划必须紧紧围绕档案信息资源的收集、保管、利用来进行。

在近期规划中，首先，要做好三方面的工作：一是对馆藏档案进行标准化、规范化处理，例如标题名称、主题词、档案形成者、档号编制；二是对电子文件的创建和构成进行规范，制定元数据标准，以利于实现计算机可识别管理；三是确定数字档案禁止写操作处理的存储格式，如比较通行的PDF格式，存储、备份方式也需要事先确定。在此基础上，通过馆藏档案数字化和文档一体化系统积累数字档案信息资源，对原始数字档案使用与外网物理隔离的档案局域网专门服务器存储。

其次，要充分考虑信息化管理系统能够完全满足档案形成部门和单位内部对档案信息利用的便捷，同时尽可能广泛地满足对开发档案信息利用的社会化需求，通过利用网络化等途径利用档案信息。实现档案信息利用的网络化就必须做好两方面的工作：一是必须对上网档案信息建立严格的开放鉴定工作程序和管理制度，对使用者实现分级授权管理办法；二是明确如何构建网络安全控制系统和实施安全管理制度，建立相应的网络进行利用过程的跟踪和记录，对共享档案信息使用与办公网或公众网相连接的专门服务器管理。

最后，围绕如何提高档案管理的效率和现代化水平进行规划，必须做好三方面的工作：一是结合档案管理的基本规律和现代信息技术的特征与功能，如何改变传统的管理模式，如现行电子文档的随办随归、档案利用的主动提供、文档运行的状态网络监控；二是如何实现档案管理部门的智能化管理，如对库房科学、规范的安全管理，对工作场所和操作人员进行安全监控，对工作终端进行安全控制；三是按照信息化建设需要，立足长远进行队伍建设和人员知识结构的培训培养，使人力资源开发充分满足信息化的发展需要。

在长期规划中，在档案资源的积累方面首先要加强不同业务部业务运行网络系统及其数据的全面整合，进行行业间横向档案信息和上下游纵向档案信息的整合，建立全方位、能够满足自身档案信息需求的档案信息资源库，成为本单位真正的信息资源中心。同时，为充分发挥现代信息技术的优势，以基于"对象管理"的理念对档案信息进行管理，有效避免信息"孤岛"的问题。如一个基建档案，按照传统管理方式，其案卷仅仅包括批准文件、图样、验收报告等孤立的基建信息，而基于"对象管理"的思维，该建筑物的档案信息还要包括发生在该建筑物的人物事件、历史事件等信息内容，有利于在更深入、广泛的层面利用档案信息，有效提高档案的利用价值。这就需要在对馆藏档案进行标准化、规范化处理的同时进行关联信息的整理，对相关联的电子文件信息和数字档案要求系统能够自动检索。在档案信息的利用方面，在依法开放和网络化提供利用的基础上，加强档案信息的深层次、知识化开发，如建立辅助决策管理（咨询）系统以发挥档案管理作为基础性管理工作的效能，为科学决策、可持续发展提供系统权威的决策参考信息；大力开展档案信息的知识化开发研究工作，能够为社会提供大量的再生信息和知识,从根本上改变档案利用停留在"备查"状态的状况,使档案信息这一信息化社会十分宝贵和重要的资源能得到最有效的利用。

2. 内容规划

档案信息化建设内容规划涉及多个方面,其内涵、外延十分丰富,包含了软硬件两个方面的工作内容,还包括多个工作阶段和环节,每个工作阶段和环节都应有明确的任务、目标和完成时间。由于每个工作阶段和环节都存在着内在的逻辑关系,因此,严密、有步骤地按时完成各阶段的任务,是保证按规划完成整个工程建设的关键。具体的工作内容规划主要包括:

(1) 制定总体规划。根据国家信息化实施战略,按照国家档案信息化建设的总体要求,结合行业特点及单位实际需要和能够达到的条件,明确具体的任务和目标,在此基础上确定网络建设方案、硬件配置计划及软件购置或开发方案,制定实施策略、措施及评价指标体系,提出资金投入、人力资源开发、工作场所要求等条件。

(2) 建立规章制度。规章制度是档案信息化建设能否顺利进行的重要保证,作为具体的建设单位必须在国家档案和信息相关法规范围内,在国家相关电子文件管理办法的指导下,制定符合行业和单位实际的电子文件标准和管理办法、网络和信息安全管理制度、信息和网络维护规范等。

(3) 搭建系统平台。按照总体建设规划,进行网络拓扑设计,建立档案管理局域网,配置服务器和终端计算机及数字化处理和数据备份(迁移)设备,选择购买或委托开发档案管理软件,搭建档案管理系统和共享信息系统平台。

(4) 积累档案资源。积累档案信息资源是档案信息化建设的核心内容,在上述3方面基础条件基本具备的情况下,必须有计划、有步骤地集中精力开展资源积累工作。一般而言,主要是通过文档一体化、馆藏数字化和业务管理系统信息整合来积累数字档案,分类建立数字档案信息仓库。

(5) 挖掘档案资源。将原始数字档案信息进行知识化、社会化编研开发,为全社会提供档案再生信息,积极探索和大胆实践档案信息产业化的道路,把档案信息价值转化为经济效益。

(6) 开放信息上网。开放档案信息上网利用是档案信息资源库建设的根本目的。按照档案开放鉴定规定和信息安全管理制度,逐步开放数字档案目录和档案全文数据上网,分类、分层次网上授权提供查询利用,切实提高档案利用价值。

上述6个方面的工作具有紧密的内在逻辑关系，档案信息化建设必须紧紧围绕这些工作阶段来安排，并进一步制订详细的工作计划，进行有效的进度控制。

3. 组织规划

档案信息化建设是一项全国范围、涉及面广、建设周期长的现代化管理和技术应用工程，在这一过程中，伴随信息技术的发展及其在档案管理工作中应用程度的深入，档案信息化建设的目标是渐进变化的。因此，在档案信息化建设中必须着眼长远并立足当前，把握档案信息化建设的中心问题。当前档案信息化建设的主要课题是电子文件的管理、档案数字化建设、档案网站的建设等。信息技术的运用和发展给档案管理工作提出了新的要求。因此，必须建立有效组织体系，以便于在科学设计、严密论证的基础上确定其建设方案并采取有力措施组织实施。

这个有效的组织体系是：就国家而言要建立一个强有力的组织领导中心，对全国的档案信息化建设实行统一领导，充分利用现有的档案行政管理体系及其组织管理力量，各司其职，有效领导档案信息化建设工作。就具体的单位而言，一方面，要把档案管理机构纳入整个信息化建设的组织机构之中，不能将信息化建设仅仅当作行政管理部门和信息技术部门的事，否则只会将信息化建设停留在自动化网络办公和管理的运行层面上，而不会将信息化建设的重点放在信息资源建设这一核心内容上；另一方面，建立以档案管理机构为主体，以行政管理机构和信息技术部门协同支持的档案信息化建设组织指挥中心，正确定位档案信息化在国家信息化建设中的地位和作用，正确处理信息化与档案信息化的关系，有效组织档案信息化的系统建设，努力开展档案资源积累与利用工作，按照规划、计划组织实施。

组织规划是先导，人力资源是关键，网络系统是条件，资源积累是核心，利用开发是目的。我们必须高度认识组织规划和建立有效组织体系的重要性，把组织体系当作档案信息化建设的前提条件来看待。

4. 资源规划

实施档案信息化战略，是我国整合档案信息资源、弘扬民族文化、提高民族素质的历史性课题，也是我们采用现代化手段记忆当今社会改革、建设、发展的真实过程，肩负支撑社会经济发展的历史性责任和义务。资源规划就是要紧紧围绕档案资源建设开展工作，重点包括以下4方面。

（1）加强档案目录数据库建设。档案目录数据库建设是档案信息资源建设的重要组成部分，其在档案信息资源中起到龙头作用。

（2）积极推进档案数字化建设进程。档案的数字化应以现实需要为前提，分阶段、分步骤地实施，重点加强对珍贵、重要、易损和利用频率高的历史档案和现行公开文件的数字化转换工作。

（3）积极推进档案全文数据库和多媒体数据库建设。逐步实现档案的全文信息查询，不断提高服务效率和质量，满足档案利用者对档案的不同需求。

（4）加快电子文件中心建设。各级综合档案馆应依托各地建立的电子政务内（外）网平台，发挥综合档案馆接收管理档案的优势，建立电子文件中心，及时接收电子文件和电子档案，同时开放共享电子文件，为国家经济建设提供服务。

5. 安全规划

信息安全管理是实施信息化建设不可或缺的重要层面，而网络安全则是关键，安全规划必须纳入档案信息化建设的总体规划，作为重要内容来建设。安全规划的体制和措施有以下3点。

（1）建立档案信息安全保障体系框架，逐步完善档案信息安全管理体制。加强对档案管理信息系统的管理，确保档案数据库安全；加强对电子文件归档工作标准规范的监督和指导，保证归档电子文件的真实、完整和有效；档案部门的内部局域网必须与公众网实行物理隔离，在局域网内要加强身份认证和密钥等管理，使用网络行为控制系统，确保档案信息网络传输的安全。

（2）各级档案部门在开发利用档案信息资源和网络建设工作中，要提高信息安全意识，加强上网信息的审查与管理，防止失密、泄密事件的发生。档案部门要严格遵守相关的安全保密制度，非公开的档案信息一律不得上网共享，上网的档案目录和全文信息要经过严格的控制和鉴定；在公众网上提供公开档案目录或全文共享的，要认真采用身份认证、网络安全策略、数据备份和迁移等安全措施。

（3）制定严格的工作人员安全管理制度，加强安全教育，明确安全责任，建立安全监督机制。同时，建立工作过程的状态网络，跟踪记录工作人员的操作过程。通过制度管理和系统控制，杜绝人为安全事件的发生。关于网络安全保障策略，现在谈论最多的就是防火墙。实际上，防火墙技术就是通过改造网络拓扑结构隔离各种服务类型来加强网络安全的一种服务手段。

其所保护的对象是网络中有明确闭合边界的一个网块,也就是说,其保护一个仅供内部使用的网络环境,防范对象是来自被保护网块外部对网络安全的威胁,形成一个既开放又封闭的网络结构。

由于不少厂家推出一体化的防火墙产品,因此防火墙在许多人的脑海里常常会被想象成一台机器或是个软件。其实不然,一个真正的防火墙实际上是一套系统,是由系列软硬件产品再加上一定的网络拓扑结构设计而构成的。同时,对于档案管理信息系统而言,安全更处于首要位置。为此,我们在通过对各厂家的安全策略进行深入了解的基础上,针对档案管理系统对安全的特别要求,设计了基于"双停火区"的防火墙结构构建档案局域网与单位办公网的连接,在实现文档一体化和与档案形成部门互通信息的条件下,实现对档案管理信息系统和原始档案信息服务器的安全保护。

6. 系统规划

档案信息化的系统建设,必须保证档案管理信息系统和档案共享信息系统两个方面的功能需求,才能充分满足对档案信息资源的收集管理、开发和利用。

(1)档案管理信息系统。如何保证一个大型用户内部行之有效的管理机制和运作模式,同时将各种因素有机地结合贯穿起来,最终形成一个能够准确、高效地体现用户档案管理整体发展战略和管理策略的闭环正是上述档案信息化系统方案。

(2)档案共享系统规划。将"碎片"式的内容进行有效的联结,为档案利用者提供内容共享,提高档案利用者的利用效率,使其能够在第一时间获取所需要的档案内容,是开展档案共享系统规划的重要前提。因为共享是为了利用,利用是对共享的最好诠释。

第三节 档案信息化建设的发展任务

早在2002年,国家档案局在综合考虑国家档案信息化战略和全国档案事业发展战略的基础上,制定出《全国档案信息化建设实施纲要》,明确了"十五"期间,全国档案信息化建设的目标和主要任务是:本着统筹规划、统一标准、分级建设、安全保密的原则,加快档案信息化基础设施建设,加强电子文件归档和电子档案的规范化管理,推动馆藏档案数字化的数据库建设,在部分中心城市建设示范性数字档案馆,开展公众网查询档案信息服务，加快推进档案信息化的标准体系、安全保障体系和人才队伍建设。到"十五"末，各省、自治区、直辖市档案部门要努力建设并投入使用一批内部局域网，基本实现档案管理现代化和办公自动化；依托当地电子政务建设工程，建立为各级党政机关服务的档案目录信息中心，为逐步构建中国档案文献数据库创造条件；依托公众信息网，建设面向社会、服务公众的档案网站，逐步构建全国档案工作信息网。

2004年，国家档案局局长毛福民在全国档案局馆长会议上强调，档案信息化建设是新时期档案部门的一项基础性业务工作，是档案工作向现代化迈进的必由之路，是档案工作实现历史与未来有机连接的战略之举。经过十几年的努力，我国的信息化建设已经取得了一些硕果，毋庸置疑，未来的几年，档案信息化建设的步伐也将逐渐加快，而要使信息化应用更深入、更普及、更有效，还需要从全国档案事业的高度制定切合档案事业发展的目标来入手，从而完成发展任务。

进入新的发展阶段，根据《全国档案信息化建设实施纲要》的精神，档案信息化的主要发展任务仍然是以档案网络建设为基础，以档案信息资源建设为核心，以扩大档案信息资源开发利用为目标，加快推进档案资源数字化，信息管理标准化，信息服务网络化的进程，促进档案事业持续快速健康发展，为改革开放和现代化建设服务。

就目前档案信息化发展的具体情况而言，未来档案信息化建设有以下几项具体的发展任务：

一、加强档案信息化基础设施建设

基础设施是档案信息资源收集、管理、开发利用的物质基础和技术条件，主要包括计算机和网络的软硬件系统、数据库管理系统、网络系统及计算机用房设施等。基础设施应当从先进性和适用性相统一的原则出发，按照档案信息化建设的规划和应用系统建设的实际需求，进行采购、配置和安装。目前，全国尚无统一的档案信息化基础设施建设规划，强调将档案信息化基础设施建设纳入本地区、本行业、本单位信息化发展总体规划，与电子政务、电子商务、办公自动化等基础设施共同建设，形成统一的系统平台和设备环境，以便获得必要的资金、技术支持，相互协调发展。

以各级档案部门的内部局域网和连接各组织的外部网建设为基础，以与党政机关联网和互联网网站建设为重点，加强档案管理现代化软硬件基础设施建设。完善的基础设施，是做好档案信息化管理工作的前提。应根据实际情况加大对档案管理部门的资金投入，在购置计算机和存储介质等必要的硬件设备的基础上，引进先进的科技手段和设备完善档案管理工作。同时，还应当结合实际情况，开发符合档案管理要求的数字化管理系统，并构建网络管理平台，加强网络安全防护和监测，为信息化管理工作打好基础。

二、加快档案信息资源建设

档案信息资源是国民经济和社会发展的战略资源，因此加强档案信息资源建设尤为重要，其任务包括主要包括3个方面：一是开展档案目录和全文信息资源总库建设，满足机读目录检索和共享利用的需要；二是加快馆（室）藏档案的数字化工作，加强对珍贵档案的保护，满足档案内容网络查询利用的社会需求；三是加强电子文件归档和电子档案移交进馆，将具有档案价值的电子文件收集好、管理好和利用好。档案信息资源建设应当与数字档案馆、数字档案室，以及社会公共信息库、所属单位管理信息库的建设相结合，充分实现资源的无障碍传输，互联互通和共享利用。

三、加快数字化发展

以加快馆藏档案的数字化进程为基础，以电子文件的归档和管理为重点，加强档案信息资源建设。

传统纸质档案的管理方式建立在手工操作的基础上，而现代电子档案、声像档案的管理、必须顺应计算机技术、声像技术、网络技术迅速发展的形势，跟上现代化的步伐，更新长期以来形成的管理理念和方式。要把计算机的缩微技术引入档案管理和开发利用工作中，以便最大限度地满足社会对档案部门快速、准确提供档案信息的需求，为经济建设服务。[①]

四、加速档案信息化标准规范建设步伐

标准规范化是档案信息化建设的重要基础，要在充分调研的基础上，根据国际标准和通用规范，逐步推出适合我国国情的档案信息化标准规范。档案信息化标准规范体系包括管理型、业务型和技术型3种，其内容包括电子文件归档和电子档案管理，档案信息资源的标识、描述、加工、存储、查

---

① 王辉，关曼苓，杨哲. 大数据环境下档案信息化管理［M］. 吉林：延边大学出版社，2018.

询、传输、转换、管理和使用等，逐步形成具有中国特色的档案信息化的标准规范体系。形成的标准规范体系应与信息源（档案生成者）、信息用户（档案利用者）的标准规范体系兼容，使分散的档案机构、档案信息系统、档案资源库集成为有机的整体，真正在跨地区、跨行业、跨层次、跨部门的广阔空间内最大限度地实现档案信息资源的广泛共享。

五、优化信息化管理软件，完善档案管理应用系统建设

以档案管理软件的优化和推广应用为基础，以数字档案馆试点与电子文件归档系统研制为重点，加强档案管理应用系统建设。并且以贯彻实施计算机档案管理软件功能要求为基础，以研制和推行电子文件归档管理标准为重点，加快档案信息资源管理标准规范的制定和推行。

档案管理应用系统建设是信息技术与档案工作需求相结合的产物，是实现档案信息化实用价值的关键环节。其主要任务包括：研制开发和推广应用相对统一、符合规范的档案管理软件，包括电子文件归档管理，数字档案馆、数字档案室、档案行政管理等软件；推进档案信息化与电子政务、电子商务、办公自动化的同步发展；建设档案网站，并与本地区、本系统各级各类档案门户网站建立链接；运用档案管理系统开展档案管理各项业务，并做好应用系统的维护。

六、加快人才培养，提高专业管理人员的素质

坚持以人为本，始终把培养人才、建设队伍、提高人的素质放在第一位。将信息技术基础知识培训列入档案干部培训教学计划；加强档案信息化建设相关技术、技能培训课程与教材的建设；加强对档案业务人员实用技术的操作培训；更新档案人才队伍的知识结构，在内部培养人才的同时，吸纳社会信息技术人才力量，形成开放式的人才队伍，形成尊重知识、尊重人才、鼓励创新、人尽其才的良好工作氛围，营造优秀人才脱颖而出、健康成长、才尽其用的政策环境。

以管理型人才为基础，以复合型人才为重点，加快档案信息资源管理专门人才队伍建设。

首先，提高政治与思想素质。档案管理人员必须自觉执行党的各项方针和政策，在政治上与党中央保持一致，在行动上要服从管理，最大化地适应新形势下国家政策和发展的需要，为档案利用者提供服务。

其次，提高职业道德素质。档案管理人员必须树立为民服务的指导思想，对档案工作具有高度的责任感与事业心，爱岗敬业、忠于职守、认真负责、脚踏实地、作风正派、处事公道。

再次，加强档案管理人员的业务培训。提高知识素质。科学技术的飞速发展、信息技术的出现对档案管理人员的知识素质提出了更高的要求。作为档案管理人员，必须具备一定的档案管理专业理论知识，熟悉多学科的知识体系结构。除精通档案专业知识外，还要不断更新自己的知识结构。

最后，应创造条件，有计划、有目的地加强对兼职档案管理人员的业务培训，促使他们学习档案专业知识、专业理论，掌握档案工作的原则、方法，提高档案管理的工作水平；学习、了解和掌握信息化管理手段，实现档案管理工作的标准化、现代化。

七、大力推进档案信息技术创新

我国档案信息系统已经发生了转变，由以前从单一的管理模式向综合性的信息管理模式转变，档案信息化的建设是一个相当长的过程，在这个过程中需要不断地改进和创新，并且要不断地去完善。因此，做好档案信息化建设必须要用长远的眼光看问题，对其进行循序渐进的规划，并且要逐步落实。当采用信息技术时，要充分考虑其所在行业的实际性，在技术应用上、数据兼容要留有余地，确保所使用的软件兼具通用性、灵活性和连续性，以防止档案信息化系统造成不必要的信息流失。

八、高度重视档案信息安全保障体系建设

档案信息化安全责任重于泰山。档案信息安全保障体系建设包括：建立档案信息安全保障组织体系；健全档案信息安全管理的法规制度；加强档案管理应用系统的安全管理；采取管理和技术手段确保档案信息网络传输的安全；加强对档案信息安全的行政监管和业务指导；加强档案人员的安全教育等。

综上所述，伴随着我国电子政务的发展，信息化的档案工作也必须加快其发展步伐。目前，我国国民经济迅速发展，档案信息化资源也呈现快速增长的态势，传统的管理利用方法已经不能满足其发展的需要。面对日益庞大的海量档案信息资源，只有在今后的发展过程中，档案管理人员时刻牢记档案信息化建设的发展任务，加强数字化管理、网络化服务的信息化建设道

路,这样才能适应新的形势要求。

第四节 档案信息化的发展战略与思路

档案信息化战略从信息化社会的需要出发,服务于档案事业的发展方向,同时又影响、促进档案事业的发展。

一、发展战略

（一）人才发展战略

人才发展战略是档案信息化建设的关键和先导,档案人才是知识型管理人才,在信息化时代需要的是复合型、高素质的现代管理人才。从实际出发,目前可行的人才发展战略主要可从以下3个方面考虑:

第一,对现有档案管理人员加强培训和培养,选择培训教材,制定培训计划,将培训工作纳入日常工作的重要内容,纳入信息化项目建设的工作计划中实施;同时,在条件许可的情况下,选拔中青年管理人员到高等院校有针对性地进行委托培养,切实提高现代管理、信息技术、信息服务方面的素质和能力。

第二,引进急需的信息技术和信息化应用的专业人才,包括有经验的社会型人才和相关专业的高层次大学毕业人才,他们是加强队伍建设的重要推动力。

第三,选拔能力较强、综合素质较高的人员组成课题组,展开档案信息化的课题研究,创新理论,并结合本行业（单位）的情况进行子项目的研究和实践。

第四,整合IT行业的信息化人力资源,聘请专家、顾问提供技术支持和咨询。这一点是十分重要的,因为信息技术发展日新月异,管理系统的拓展十分重要,应用软件的更新、升级周期不断缩短,我们不是要追赶先进的设备,而是要及时更新理念和应用新的信息技术。

（二）需求驱动战略

需求驱动是档案信息化建设应该遵循的重要原则,也是实施战略之一。档案信息化建设的范畴十分宽泛,其是档案管理理论的发展,是档案管理手段的变革，是信息化社会的需要，并不是一个阶段性的工作。因此，开展档案信息化建设必须从电子档案的形成和管理、急需共享利用的档案信息出发确定建设内容，需求驱动才能成为现实，才能获得相应的发展条件。比如，在自动化网络办公环境下，文档一体化会变得急需；而有了先进的应用网络，人们对信息的网络服务会变得比较急需；在实现档案目录使用计算机和网络检索的条件下，人们会提出全文检索的需求；为了保护珍贵的历史档案（实物原件）及其信息，也会想到将其数字化；随着政府职能的转变及管理工作的科学化、规范化和高效率的要求，档案信息辅助决策功能的发挥将提上议事日程等。不同的档案管理部门只能根据现实需求确定阶段性的建设目标，逐步展开建设，逐步完善系统。

(三) 滚动发展战略

信息化建设的各项工作都将是一个逐步发展、渐进完善的过程，不可能一步到位和一蹴而就，必须确定滚动发展战略。

首先，信息技术发展的日新月异，必然导致档案管理应用系统功能的不断完善和拓展，不是一味追求设备更新，而是要善于接受新的思维和应用技术。

其次，数字档案信息的积累是一个没有止境的过程，也是档案信息化建设最核心的内容，信息积累得越多所拥有的资源才越丰富，能够服务的面才会越宽，开发潜力才会越大，档案工作的地位和作用才会得到更充分的体现。因此，无论是文档一体化、馆藏数字化还是信息资源的整合都将是一个滚动发展的过程。

再次，对数字档案资源的共享和开发利用来说，从目录检索、全文检索到社会化开发、知识化管理、辅助决策支持，从单份的档案信息到基于对象管理的信息链接加工，从本单位共享、行业共享、区域共享到全国、全球共享，以及开发档案信息资源等都是一个滚动递增与发展的过程。

最后，在自动化办公、信息化管理的基础上，还将逐步实现数字档案馆和智能化控制的目标。

这些工作都是滚动发展的过程，而通过滚动发展将形成档案信息化建设与发展的规律，最终走出一条中国特色的档案信息化之路。

（四）应用普及战略

谈到信息化建设，大家都会联想到资金的专项投入、设备的专门购置。事实上，一方面没有信息化的基础设施建设就不可能开展信息化工作；另一方面，全国绝大多数档案专门管理机构都已经不同程度地购置了信息化建设基础设备，甚至也开展了一定规模的管理信息系统和信息资源建设。然而，只建设不使用，或使用得非常浅显是当前信息化建设的一大问题，当前首要的工作是在应用的推广、普及和深层次使用上下大功夫，在项目的规划、计划中着力强调应用普及问题，将其纳入制度建立和培训工作中。必须在更新管理观念、改变管理手段、加强培训引导、建立健全制度方面上下齐动，要重点发挥领导和重要业务职能部门的关键作用。应用普及工作将关系到档案信息化建设的发展和生命力，关系到国家信息化战略基础性信息资源建设的成败。

（五）专业化服务战略

档案信息化是关系到国家信息化战略实施的基础性工作，也是社会化需求很强的工作。档案信息化建设单靠档案部门自身的力量是很难全方位地实现其战略目标的，也很难达到预期的效果，必须依靠、联合专业的IT服务公司，从咨询、规划、设计、研发、实施、培训等系统建设的外包模式，甚至是服务器、数据的专业化管理和技术维护，计算机网络设备和应用软件的售后服务，以及更新升级等都必须依托社会化的信息技术服务，才能获得更大的发展空间，才能及时解决信息化建设和信息开放发展过程中面临的各种问题，才能有效探索和推动档案信息产业化的市场途径。

（六）产业化发展战略

档案是信息化社会经济和社会发展的宝贵资源，档案记载着国家的文化遗产，其也正在形成新的社会文化，已经成为社会生产力的重要组成部分，是综合国力最直观、最具体、最真实的反映。面对文化产业的浪潮，我们不能再把文化看成是在思想观念、风俗习惯、增强民族凝聚力等方面起作用的软力量，而要把其当作一种像科学技术一样能产生巨大经济效益和社会效益的宝贵资源。

在信息化社会和知识经济时代，信息资源对经济增长和经济增长方式的改变，将起到越来越重要的作用。档案作为社会的原生信息源如何进行社会化的开放、开发利用是时代赋予档案事业发展的历史性机遇和档案工作探讨新思路的责任，走档案信息产业化道路无疑是符合时代需要的发展战略，一方面为档案事业的发展注入活力，增强造血机能，创造新的运行机制；另一方面为信息化社会的经济增长提供强大的推动力。

可以预见，随着我国综合国力的不断提高，人民生活逐步实现小康，市场对文化产业和信息服务的需求必将会呈现出加速增长的趋势。有需求就有市场。档案信息产业化不仅不会阻碍档案事业的发展，相反会促进档案信息化的建设。档案信息产业化不仅可以在一定程度上解决档案工作投入不足的问题，还可以从另一个层面提升档案的价值，同时有利于推动档案信息知识化、社会化的实现。《中华人民共和国档案法实施办法》中规定："各级各类档案馆应当为社会利用档案创造便利条件。提供社会利用的档案，可以按照规定收取费用。收费标准由国家档案局会同国务院价格管理部门制定。"这就为档案信息的产业化发展提供了法律依据。

档案信息产业化的途径可以不断创新，在起步阶段一是可以对公开上网的社会化信息建立网络信息利用收费系统，实行信息利用收费制度；二是可以围绕国家和地方的文化产业发展需要，吸引社会资金和人力资源开发档案信息，共享知识产权和经济利益；三是开办档案主题展览，如档案实物和多媒体信息展览，在创造社会效益的同时争取经济效益；四是有针对性地为企业、社会组织和人士有偿提供可开放的档案信息，开展新型的社会信息服务；五是进行国际的开放档案信息的文化性交流与合作开发，把信息资源变为经济资源；六是可以利用现代技术制作可开放的珍贵历史档案仿真件，进行社会化的有偿服务。通过这些方面的探索逐步实现档案信息的产业化发展目标。

二、档案信息化的发展思路

在信息化社会，信息化是必然的发展趋势，信息化建设是时代的主题。在未来几年内，我国将全面加快档案信息化建设步伐，扩大档案信息化应用的范围，健全档案管理的标准规范，构建技术先进、功能完善的档案信息化支撑平台，培养理念先进、业务精通、技术熟练的工作队伍，促进档案资源开发、整合、利用与共享，这是中国信息化建设的需要，也是档案事业在新时期的发展思路。

(一) 档案信息化建设要纳入国家信息化战略

信息资源是信息化社会和知识经济时代的核心资源，档案资源是国家信息资源的基础性资源，信息资源建设必然成为信息化建设的核心内容，档案信息化建设必须纳入国家信息化的总体战略。

"九五"以来，全社会对信息化的认识不断提高，信息化建设步伐明显加快。各地区、各部门都在推动电子政务、电子商务、电子校务的发展，利用信息技术提高政府行政和监管能力、转变政府职能，改造和提升传统产业、缩小地区差距，改变教育管理手段、提高人才培养和科学研究水平，在文化、卫生、社会保障等领域，不断推出一批以应用为主导、与需求紧密结合的信息化建设示范项目。这些年来，全国信息化建设呈现出3个显著特点：一是信息技术应用不断普及，信息化水平显著提高，信息化对经济社会发展的贡献增大；二是信息网络基础设施建设取得长足进展，总规模跃居世界前列；三是电子信息产品制造业的规模不断扩大，在一些关键领域获得了突破性进展，电子信息产品生产和出口的增长速度大大高于传统产业。在充分肯定成绩的同时，也要清醒地认识到，在信息化管理体制改革、信息化理论创新、信息基础设施建设、信息资源开发利用、信息技术普及应用、信息产业结构调整、信息人力资源开发等方面还存在诸多问题。对于广大信息化工作者来说，特别是从事档案信息化的工作者，更要客观认识当前档案信息化发展的形势，抓住机遇、更新观念、迎接挑战是进一步搞好档案信息化建设的前提。各地区、各部门只有从实际出发，解放思想，实事求是，勇于探索，把档案信息化建设纳入国家信息化战略，才能全面推动我国档案信息化的建设与发展。

2002年国家档案局制定了《全国档案信息化建设实施纲要》，各地档案管理部门积极参与当地电子政务建设，努力把档案信息化建设纳入当地国民经济和社会发展计划，一批重大档案信息化建设工程项目相继启动和实施，档案信息化建设逐步实现了与各地信息化建设的同步发展。目前，各地党委政府一次性投入百万元以上，已经完成或正在建设的档案信息化专项工程有青岛市数字档案馆工程、福建省分布式档案基础数据库工程、长春市档案信息网络工程等30余个。

21世纪国家档案事业的发展必将全面进入信息化时代，档案信息化建设将成为新的伟大工程和国家信息化战略的重要组成部分，档案工作者必将在国家信息化战略的实施中写出新的篇章，做出新的贡献。

（二）档案信息化建设亟待步入规范化、模式化轨道

全国各级档案管理部门对档案管理信息系统建设进行了大胆的探索与实践，加强电子档案的标准化工作，研究互联网、软硬件、信息安全等方面的集成化管理模式，完善网上知识产权保护、公共信息资源管理、网络安全管理、电子签名、数据保护等方面的法律法规，预防和打击计算机犯罪和网络犯罪，以确保档案信息化建设向规范化、模式化的方向发展。

由于行业活动形式和采取手段的不同，各单位在档案信息化建设过程中会采用不同的操作系统、不同的网络数据库应用平台和不同的信息系统，还会形成多种格式的电子文档，这就给保存档案的管理部门提出了新的课题。一是档案行政管理部门必须结合国家相关的政策法规，优先制定电子文件归档、档案信息采集、整合和安全管理等方面的标准，加快建立健全档案信息化标准的实施体系。档案管理部门要结合本行业（单位）的特点确定电子文件的标准，制定一系列电子档案鉴定、归档、保存、保管、利用的规范、标准和实施办法，保证档案管理的科学性和有效性，保证信息化工作的标准化。二是档案信息化工作制度的建立健全，比如制定电子文件归档、电子文件操作规范、电子档案管理办法、数字化工作方案、档案信息公开和上网安全等管理制度。三是制定有效的安全管理体系和安全操作规范，建立安全保障制度。

在标准、规范和制度健全的前提下，逐步建立起比较完善的系统平台，积累丰富的档案资源，实现最大限度的资源共享，通过建设模式的创新、法规制度的建立、立足现实和着眼长远的实践，把档案信息化建设纳入规范化、模式化的轨道。

（三）档案信息资源建设最终将实现整合、集成与共享

从目前的情况看，政府各部门在电子政务建设和应用中普遍存在"重概念轻实效，重电子轻政务，重新建轻整合"的现象。各部门在公共信息资源的整合利用方面受到体制等因素的限制，难以发挥办公自动化系统的最佳功效，制约了政府公共服务水平的提高。全国大部分地区政府部门的电子政务建设，基本处于信息发布系统平台建设和信息交互网上"公文审批流转（办公）"阶段，有不少地区仍然缺乏完备的信息化软硬件基础设施。孤

立封闭的系统架构，致使信息资源不能共享，数据格式不一，数据在不同的系统中重复存在，也致使本该协同一致的完整业务过程被人为分割和打碎，形成了信息"孤岛"。问题的关键是，缺乏统一的政务平台或有效的异构系统整合。

未来的协同化电子政务系统将更加注重敏捷性和实时性，体现以人为本的思想，适应政务由管理向服务的转变。这就需要最大限度地整合信息资源，实现跨地区、跨部门、可变流程的协同政务。协同政务通过系统应用、部门流程及信息的协同互动与共享，更大程度地发挥电子政务的优势和作用，以此有效地解决信息化发展中遇到的信息"孤岛"、业务分割等问题，提高电子政务的应用水平。在这个阶段，要通过一系列的实践，建立综合的档案资源数据库、网上联合审批（办公），实现系统资源之间的互联互通和互操作。

协同政务不仅仅是一套把同样的事情做得更好的工具，更是一套做不同的事情和更好的事情的工具，更是一种提供服务的崭新方式。协同政务强调以政府工作人员的协作为核心，强化政府信息资源的共享、政府工作流程的优化及政府信息化系统应用的集成，是当前电子政务技术应用的最高阶段。在实现信息资源共享方面，档案信息化和档案信息资源建设将起到关键性作用。

因此，在信息化的建设与发展问题上，必须把档案信息资源建设作为核心内容，对于档案信息资源建设，无论是在实现的手段方面，还是信息资源的有效积累和广泛利用方面，都必须以整合、集成、共享作为出发点和落脚点，确保档案信息化的持续、健康和有效发展。

（四）档案人才队伍建设向复合型、高素质方面发展

档案信息化是一项崭新的事业，是一个复杂的系统工程，是档案工作者必须长期面对和坚持的工作。档案信息化建设涉及信息技术的软、硬件和网络系统建设——手段，信息资源积累、整合和开发利用建设——目标，即手段与目标两个方面，而核心力量仍然是人才队伍建设。人才队伍建设是实施档案信息化的成功之本，在档案信息化建设的过程中，要始终把更新人的传统观念和知识结构、提高人的综合素质和信息技术应用能力放在第一位。在档案管理信息系统项目的实施过程中，档案工作者能够通过对当今世界先进信息技术的不断学习，边学习边实践，逐步提高我国档案管理的现代化

水平。

档案人才队伍建设的关键是要实现复合型、高素质及协同工作。所谓复合型有两层含义：一是要打破过去档案人才队伍的结构模式，在队伍构成上要更加注重学科专业的交叉互补，不能仅局限于历史档案等传统学科人才，管理学科、信息技术等方面的人才将显得十分重要；二是在队伍的知识更新和技能拓展方面，要加强计算机应用基础知识、数字化技术知识、网络技术知识、现代管理技术知识的学习和培训，每一位档案工作者都需要懂得档案信息管理知识和信息技术应用知识，纵向了解行业管理与需求，横向了解档案管理与信息技术的结合，业务学习和培训将被赋予新的内涵。所谓高素质就是要具备能够适应信息化挑战，能够应用信息技术和驾驭信息资源的整体素质。把更新观念、把握时代全局、明确历史责任作为档案工作团队的基本理念，把更新知识、掌握信息技术、创新管理理论作为档案工作团队的基本能力，把更新手段、积累信息资源、广泛开发利用作为档案工作团队的基本工作，立足现实、注重需求、努力创新，打造一支能够抓住机遇、迎接挑战的新型人才队伍。所谓协同工作就是要充分利用网络环境，实现各类人才之间的合作，发挥个人优势，提高工作效率。

（五）将档案管理现代化视为现代档案管理的总体目标

传统的档案管理运行模式由于手段的落后，其显著的特点就是积累档案资源的被动和严重滞后，利用档案资源的不便和处于"备查"的状态，主动开发和提供利用档案资源更显得十分局限。长期以来这种状况不但严重影响档案价值的发挥和对现实工作的支撑，而且严重影响档案工作的作用和地位，不利于档案事业的可持续发展。

先进的技术和设备是档案现代化管理的物质基础和技术手段。没有先进的技术设备，任何思想和技术方法都无法落到实处，而先进的技术和设备又必须有现代的管理理念来驾驭。当今社会，先进的技术设备已运用于社会生产、生活的各个领域，档案工作也是如此：计算机广泛应用于档案管理、统计和检索，计算机、光盘、多媒体、数据库及现代通信技术的普遍应用将大大加快档案事业的现代化发展进程。

档案管理的现代化是档案管理内涵和手段的深刻变革，其内涵不仅仅是实物对象，其手段不是简单地将过去的手工操作计算机化，其目标也不是单纯地将档案源馆藏化。档案信息化工作的大力开展必将改变传统的档案管理理念和运行模式，改变档案资源的积累过程、存储介质、保存形态、检索手段、利用方式等，甚至改变档案管理的业务流程和改变档案工作的人力资源。通过档案信息化建设将推动档案管理的现代化进程，使档案管理的理念得到全面提升，使档案管理理论得到创新发展，使档案资源得到广泛积累，使档案的价值得到更好的发挥，使档案工作的作用得到充分体现，使档案工作队伍承担起更大的社会责任。

档案管理的现代化标准，也要从以下5方面去衡量：

第一，管理制度化。即按照档案信息化的要求制定电子文件和数字档案的管理办法和标准，确定搭建系统平台的功能要求和技术规范，制定网络及信息安全管理制度，从依法治档的高度为档案信息化建设提供制度保障。

第二，归档自动化。即在自动化网络办公的条件下，其管理形式以电子文件的创建和流转为特征，其档案的形成必然以电子文件的形式出现，对电子文件的归档管理必须实现自动化，以逻辑归档形式通过网络运行实现文档一体化。

第三，馆藏数字化。即为了能够适应信息化社会对数字信息的需求，应用信息技术手段将传统载体的馆藏档案进行数字化处理，形成数字档案，为更广泛、更深入、更方便地利用档案信息积累信息资源，同时也有利于开发档案资源和保护馆藏档案。

第四，利用网络化。即在档案管理信息系统对数字档案资源进行安全管理的基础上，通过局域网、办公网和因特网等网络系统实现客户对数字档案的查询、下载、打印及开发利用，最大限度地提高档案的利用率和发挥档案资源的价值。

第五，控制智能化。即利用信息管理系统、网络系统资源和基础设施，建立智能化控制系统，实现对档案库房的规范管理、工作场地的安全监控、工作人员的智能识别、工作内容的状态跟踪及安全机房的智能控制等。

（六）大力推进数字档案馆建设

数字档案馆是网络信息时代的全新形态，通过档案馆的数字化和档案信息化建设，档案馆将成为档案资源的数字信息中心，成为档案管理的智能控制中心，数字档案馆将成为政府信息资源的数据中心，成为国家信息化和数字中国的重要组成部分。

1. 档案信息化应用支撑平台建立

建设数字档案馆首先要建立一个满足档案信息化功能需求、适应发展需要的综合管理系统平台和网络构架,中心系统能够支持多个子系统,能够保证网络控制、信息备份和迁移、授权访问及资源共享等安全有效,广泛应用信息技术,为档案馆的数字化建设提供现实的现代化手段。在此条件下开展数字档案资源的积累和管理、数字档案信息的共享和开发、档案馆智能化控制等工作。[①]

2. 数字档案资源库建设

数字档案资源建设包括:在自动化网络办公(OA)条件下的电子文档的全过程管理和归档、保存、备份、迁移等,同时收集档案部门业务运行的所有系统数据,积累电子档案信息;利用现代扫描技术对馆藏的纸质档案、声像档案、缩微胶片、实物档案等进行数字化处理,形成系列数据库;整合需要的行业、上下游及区域间横向和纵向的资源信息;对所有数字档案信息以基于对象管理的思维模式进行管理和链接,以此建立数字档案信息库。

3. 数字档案信息的共享与开发

信息共享就是要建立数字档案的目录检索、全文检索、自动分类授权访问系统,通过局域网、办公网和因特网提供档案利用服务,建立状态网络对信息访问实行实时监控。同时,对原始档案信息进行分类开发和知识化管理,可以建立基于档案基础数据的辅助决策支持系统,只有把档案信息知识化才能够实现档案信息利用的社会化,更广泛地发挥档案的潜在价值,在更大的层面创造社会经济效益。

4. 档案馆智能化控制

档案馆智能化控制就是利用综合管理信息系统,包括IC卡等实现对库房安全和温湿度、密集架智能管理、工作区域监控和人员管理等方面的控制,提高档案馆的现代化、自动化管理能力。

---

① 金波,于正香.新趋势 新思维 新途径:数字时代的档案工作[M].北京:中国出版集团,2013.

参考文献

[1] 梁建梅,陈少慧. 教学档案管理与信息化建设 [M].北京:中国书籍出版社,2015.

[2] 高金宇,唐明瑶. 档案管理实务 [M].北京:科学出版社,2010.

[3] 王英玮,陈智为,刘越男. 档案管理学 [M].4版. 北京:中国人民大学出版社,2015.

[4] 李兴利. 档案馆库房管理手册 [M].郑州:河南大学出版社,2014.

[5] 王晓珠,袁洪. 高校档案管理探索 [M].昆明:云南大学出版社,2015.

[6] 徐华. 档案信息化建设实验教程 [M].北京:北京师范大学出版社,2012.

[7] 卢森林,吴丽华. 基于网络环境下馆藏档案数字化编研与利用研究 [M].北京:北京理工大学出版社,2015.

[8] 赵屹. 数字时代的文件与档案管理 [M].上海:上海世界图书出版公司,2013.

[9] 《档案学通讯》杂志社. 档案学经典著作:第二卷 [M].上海:上海世界图书出版公司,2013.

[10] 金波,于正香. 新趋势 新思维 新途径:数字时代的档案工作 [M].北京:中国出版集团,2013.

[11] 黄丽华,等. 档案数字化风险与管理(大学适用) [M].北京:中国文史出版社,2018.

[12] 黄新荣. 云环境下我国综合数字档案馆建设模式研究 [M].北京:社会科学文献出版社,2019.

[13] 薛四新. 档案馆现代化管理:从数字档案馆到智慧档案馆 [M].北京:电子工业出版社,2019.

[14] 刘锡桓. 人事管理学新编 [M].广州:广东人民出版社,2010.

[15] 陈琳. 档案管理技能训练 [M].北京:机械工业出版社,2015.

[16] 周耀林,张晓娟,肖秋会. 数字时代图书馆学情报学研究进展:第三辑 [M].武汉:武汉大学出版社,2018.

[17] 王辉,关曼苓,杨哲. 大数据环境下档案信息化管理 [M].延吉:延边大学出版社,2018.

[18] 杨振力. 智慧档案馆建设 [M].北京:中国戏剧出版社,2019.

[19] 党跃武，曾雪梅，陈征，等．基于信息组织技术的档案资源开发［M］．成都：四川大学出版社，2016．

[20] 黄新荣．云环境下我国综合数字档案馆建设模式研究［M］．北京：社会科学文献出版社，2019．

[21] 潘连根．档案学元理论研究［M］．杭州：浙江大学出版社，2019．

[22] 李扬新．档案公共服务政策研究［M］．北京：世界图书出版公司，2011．

[23] 周林兴．面向社会的档案信息资源规划研究［M］．北京：人民出版社，2019．

[24] 宋美霞．大数据背景下数字档案馆信息服务研究［J］．档案管理，2015（2）：45－46．

[25] 孙倩．档案信息化建设系统性思考［J］．黑龙江档案，2017（2）：41－42．

[26] 杜晓燕．档案信息化核心要素的关联特征及层次结构［J］．兰台世界，2017（13）：11－13．

[27] 曾浩权．档案信息化管理存在的问题及策略研究［J］．长江丛刊，2018（2）：138．

[28] 刘朝文．基于区域视野的高校档案信息化建设的思考［J］．办公室业务，2017（1）：22－23．

[29] 赵群．解析档案信息化建设与档案管理的几点思考［J］．办公室业务，2014（12S）：150－151．

[30] 张俊强．人才市场档案信息管理探讨［J］．公共管理，2012（9）：148．

[31] 林平．大数据发展对档案管理带来的挑战［J］．城建档案，2016（12）：85－86．

[32] 周波．信息时代探索高职院校档案管理新途径［J］．教育现代化，2018，5（51）：278－279．

[33] 陈正萍．数字化档案馆建设发展思路［J］．江苏科技信息，2019，36（11）：19－21．

[34] 陈扣英．数字档案馆建设面临的问题及其对策［J］．城建档案，2019（4）：28－29．

[35] 夏燕玲．档案信息化建设与档案管理的几点思考［J］．云南档案，2010（3）：29－31．

[36] 姜思茗．论档案信息化的系统性及要素关联模式［J］．中国科技投资，2016（24）：183．

[37] 段丽．大数据时代背景下数字档案馆建设的思考［J］城建档案，2017（3）：17－18．

[38] 周耀林，朱倩．大数据时代我国数字档案馆的建设与发展［J］．信息资源管理学报，2015（2）：108－112．

[39] 康虹．信息化时代视域下数字档案馆资源集成共享的探究［J］．理论观察，2014（1）：112－113．

[40] 于介芳,刘朋海.数字档案馆建设问题的思考[J].山东档案,2018(4):49-50.

[41] 张淑霞.数字档案馆项目建设风险管理研究[J].中国档案,2018(6):60-61.

[42] 杨来青.再信息化:档案馆发展战略的思考[J].浙江档案,2019(9):15-18.

[43] 杨来青,李大鹏.智慧档案馆功能与体系架构[J].中国档案,2015(7):59-61.

[44] 杜鹃.企业档案管理工作存在问题及改进措施[J].黑龙江档案,2013(6):67.

[45] 王迪.档案信息开发利用过程中的安全工作[J].兰台内外,2020(9):20-21.

[46] 罗琳娜.大数据背景下的档案信息化发展新路径[J].办公室业务,2018(8):73.

[47] 谭滢.档案信息资源开发利用的思考[J].办公室业务,2020(9):56-58.

[48] 薛松.网络环境视野下的企业档案信息化建设新思考[J].办公室业务,2014(1):165.

[49] 左希健.档案信息化管理的发展过程及现状[J].办公室业务,2017(4):85-86.

[50] 杨明萍.档案信息化建设研究成果的分析与思考[J].中国档案,2017(11):60-61.